华丽转身 赢在职场

——退役军人就业创业指导手册

主 编　安志成　黄　辉

副主编　解仁美　郜　洁　刘　宇

北京交通大学出版社

·北京·

图书在版编目（CIP）数据

华丽转身，赢在职场：退役军人就业创业指导手册 / 安志成，黄辉主编.
—北京：北京交通大学出版社，2019.8
ISBN 978−7−5121−3977−0

Ⅰ．① 华… Ⅱ．① 安… ② 黄… Ⅲ．① 退役–军人–职业选择–中国–
手册 Ⅳ．① E263-62

中国版本图书馆 CIP 数据核字（2019）第 158138 号

华丽转身 赢在职场——退役军人就业创业指导手册
HUALI ZHUANSHEN YINGZAI ZHICHANG——TUIYI JUNREN JIUYE
CHUANGYE ZHIDAO SHOUCE

策划编辑：张 伟 责任编辑：许啸东
出版发行：北京交通大学出版社 电话：010-51686414 http://www.bjtup.com.cn
地 址：北京市海淀区高梁桥斜街 44 号 邮编：100044
印 刷 者：艺堂印刷（天津）有限公司
经 销：全国新华书店
开 本：185 mm×260 mm 印张：12.5 字数：200 千字
版 次：2019 年 8 月第 1 版 2019 年 8 月第 1 次印刷
书 号：ISBN 978−7−5121−3977−0/E · 4
印 数：1～10 500 册 定价：48.00 元

编 委 会

雄关漫道真如铁，而今迈步从头越

军人是一群有理想、有抱负的特殊职业群体，曾经摸爬滚打、流血流汗，付出的不只是热血和汗水，还有青春年华。然而，铁打的营盘流水的兵，每名军人最终都会脱下军装，离开军营。从战场走向职场，无论是就业安置，还是自主创业，都要面临全新的职业选择和适应。

作者自主择业后，经历 3 年职场亲身体验，近 2 年做了大量退役军人就业创业的调研工作。在调研过程中，发现很多战友在面对职业转变时，自我认知定位模糊，存在预期过高、内心迷茫、职业规划不清晰、就业观念转变难、职业基本技能掌握不系统等问题，在一定程度上影响了他们就业和创业。

"雄关漫道真如铁，而今迈步从头越"，本书主要从自我认知、职业规划、职业测评、简历制作、面试技巧、商务礼仪等方面帮助退役军人及时调整心态，提高职业基本技能，根据个人的实际情况找到职业切入点，适时做好职业规划，然后脚踏实地，逐步走出自己的成功之路，收获职业成功。

目　录

第 1 章

自 我 认 知

　　他们曾经一身戎装，挥洒热血，铸就无悔青春；他们告别钢铁军旅，凝结热泪，回馈广阔社会。"退役不失志，退伍不褪色"，他们拥有一个共同而又响亮的名字：退役军人。

　　退役军人作为一个特殊群体，已经习惯了部队的环境与氛围，当离开熟悉的一切重返社会时，将面临一系列心理应激和角色转换问题，其身心健康必然受到影响。而他们的身心健康与否，直接关系到军队的建设和社会的稳定，需要予以高度重视。

1.1　军人退役期间的困扰及表现

　　许多军人在面临退役选择时，会受到一些不良情绪的困扰，严重的则会引发焦虑、抑郁等心理问题。这些困扰主要表现为以下几方面。

　　（1）对军营的留恋。

　　军营是个大熔炉，也是个大家庭。军营里虽苦犹乐的生活、规律刺激的训练，都在军人的脑海里打下了深深的烙印；军人之间朝夕相处、亲如兄弟、互相帮助、共渡难关、共享喜悦，建立了深厚的战友之情。然而，军人退役，就要对这一切告别，不仅要离开熟悉的军营，还要与亲密的战友分离，自然让人依依不舍，也自有一份凄凉。但这种留恋有时会阻碍退役军人的视野和脚步，让他们裹足不前，无法尽快融入新环境，延缓对新环境的适应。

（2）未实现个人抱负的失落感。

面临退役，每个军人都会对自己的军旅生涯做一番回顾和总结。如果个人当初的心理预期得到了满足，那么自然心情坦荡、满心欢喜；如果个人当初的愿望没有实现，那么自然心里会有些不平衡，各种各样的烦忧萦绕心头、挥之不去，如感觉无颜回家乡见父老乡亲、无法改变命运、前途无望等。每个人都不想白白浪费青春，一旦认定了只是自己在辛苦付出，而没有得领导重视或相应回报，那么失落感、委屈感、吃亏感等都将随之爆发，这显然将会影响对服役期间的得失和自我价值的正确评判，从而容易导致暴躁易怒、违规违纪等不良行为的出现。

（3）要走之人的松懈心理。

大多数军人在退役前依然能够尽职尽责，珍惜在军营中寥寥无几的日子，保持着过去的热情和干劲，站好最后一班岗。但也的确有一部分人面临退役时认为可以得过且过，个人该得到的得到了，再努力也不会得到更多；个人需要的没得到，再努力也是白白浪费，不如混到走就可以了。这些心理自然而然影响了个人自身行为，自觉或不自觉地放松了对自我的要求，通常表现为工作、训练不积极，时不时插科打诨等。这种心理如果不及时进行引导和消除，将会影响部队作风建设和正常工作秩序，削弱部队的凝聚力和战斗力。

（4）对前途感到迷茫。

大多数军人出身普通家庭，退役就意味着从头再来、重新开始，他们在部队按照既定模式摸爬滚打，只要遵守纪律、足够吃苦、足够努力就能获得认可，但退役后该如何规划自己的人生，该从哪里开始，该如何适应新的岗位、新的人际关系，该如何面对来自外界陌生领域的困难与挑战，这些并没有模式可以遵循。他们脑海里有许多问号在打转。若不及时调适，可能发展为自我怀疑、自信心丧失，甚至失去今后生活的方向。

（5）面对未来不自信。

在退役军人群体当中，有很多人曾经受到过表彰奖励，甚至荣立功勋。他们人员构成丰富，不乏"标兵""尖子""骨干"；他们千锤百炼拥有看家本领，各个练就过硬体能技能、精通本职。然而，他们在部队锤炼的优秀因子在社会工作和生活中却往往显得不合时宜。所谓的看家本领，不仅冷门生僻，而且可能"一文不值"。他们担忧退役后能否适应新的岗位、能否找到称心如意的工作、能否融入社会这个大集体，能否处理好复杂的人际关系等。他们害怕退役，退役就意味着他们失去了赖以生存的基础、依托，他们习惯了搞训练、谋打仗的这种节奏，要在信息爆炸、飞速发展的花花世界参与竞争、图画未来，这往往让他们有一种避之唯恐不及的逃避心理。他们一想到退役后面对的未来问题，通常表现出畏难、消沉，甚至缺乏自信。

（6）对社会生活不适应。

军人习惯了集体生活，身边围绕的总是战友，踏入社会将会单打独斗，个人孤单感倍增；穿惯了军装，走惯了军步，突然要面对一个复杂多元的社会环境，往往会让退役军人产生无措感。部队生活规律而单一，且生活空间封闭，加上成员男性化特点，与外界社会生活状态相比，过于简单和单纯，面对外界的松散自由、丰富多彩，生活空间不受限制，成员形形色色，退役后乍一进入其中都一时无法适应。特别是在人与人的沟通交流方面，在部队里，官兵间的思想观念、语言风格、行为特点等都非常相近，这使得彼此的沟通交流直接、高效，而在外界社会，人们受不同的成长环境、受教育程度、工作特性等因素影响形成了多元化的思维习惯、语言风格和行为特点等，许多人甚至特立独行、个性张扬、自我标榜，如此复杂的社交环境给退役军人造成了极大的困扰。服役期间这些困扰只是暂时的，因为回到部队及时得到了调整，一旦退役，真正重返社会，那"再社会化"的适应过程将很痛苦，社会生活再适应的压力不断袭来，焦虑、愤怒、抑郁等不良情绪将会加重。如果无法及时调适，势必影响退役军人个人发展，影响社会稳定。

 案例

25岁的石头已在部队当了5年兵，五年时间说短不短、说长不长，却足够让他成长为一名"老"兵。他和大多数男孩子一样，从小就有个军人梦，看到抗战题材、军旅题材的电影、电视剧就无比激动，想着有朝一日穿上军装、保家卫国。石头的家人开始并不同意正在读大学的他去部队吃苦，可他很坚持，最后家人被他说服支持了他的选择，这得来不易的支持让他下定决心要做一名合格的军人，之后他通过了一系列审核，最终被应征入伍。

石头戴上了大红花，踏上了去部队历练的征程。在当兵期间很辛苦，白天训练、晚上背条规条例，他也曾因受苦受累几次想要放弃，也会因想家躲在被窝里哭，但有了班长的教导、战友们的鼓励，他也慢慢适应军营生活，克服不足和困难，渐渐融入其中。

第六年，父亲不幸得病去世，为了照顾孤独的母亲，石头决定退役。在决定退役的前半年，他的焦虑感油然而生：五年的战友情义、五年的生活习惯、五年的训练都要结束了？五年里变化万千的"花花世界"该如何融入？回到家自己能做些什么？因为自己是一名步枪手，学习的都是与步枪有关的知识，满脑子里除了枪支的分解与结合、枪支的性能等东西外已经没有别的了，种种问题困扰着他，让他感到巨大的心理压力，但因为他本就不怎么善于发泄情感，一段时间下来，他的脾气越来越差，战友都觉得他变了个人似的。

幸好石头的班长一直在关注他，在觉得他可能会承受不住的情况下，及时劝解了他。他的班长告诉他：该来的总归要来的，部队训练这么辛苦都挺过来了，眼前这点困难算什么，保持积极的心态去面对它，它自然就化解了。石头听取了班长的建议，一方面像往常一样认真训练、工作，另一方面去图书室读心理学方面的书。石头慢慢地放下了焦虑，那个积极、乐观、开朗的大男孩又回到了战友们的身边，石头保持良好的风貌状态直至退役那天的到来。

石头是幸运的，他有一个好班长，还懂得借助书籍的力量去化解他的心理问题。那么，作为一名退役军人，在离开部队后，没有了好班长、战友们的帮助，又应该怎样调适自己的心理不适，也就是怎样让自己建立起阳光心态积极面对社会生活呢。

1.2　退役军人如何建立阳光心态

 —— 案例 ——

退役士兵郑某，男，1994 年 9 月出生，初中学历，未婚，2017 年 12 月退役，回家之后不去工作，天天在家游手好闲。郑某父母开了一家早餐店维持家庭开销，还有一个姐姐在读某大学的研究生，家庭并不富裕，父母多次劝解郑某出去找工作，均被他拒绝。郑某甚至和父母发脾气，觉得家人不理解他的心情，于是变本加厉，除了无所事事外还经常夜不归宿，与几个待业的老战友隔三岔五聚会，抽着小烟、喝着小酒、唱着军歌，聊的都是部队往事，他们沉浸在过去，没有去面对现在的生活，寻找现在的自我。

郑某的问题是由很多因素造成的，如他自身的态度不够端正、对现在生活的认识不够、对离开部队的事实还放不下等。某天，郑某和老战友们又聚在了一起，其中一个老战友提到了同批退役的刘某，刘某正是郑某在部队的好兄弟，郑某自然多了几分关注，这个老战友说刘某退役之后仅一年时间就开了自己的汽车维修店，而且规模还不错，已经有好几个战友都投奔了过去。郑某想到自己和他同样是汽车连，刘某这条出路未尝不合适自己，他之前一直游手好闲、无所事事，其实不是自己愿意如此，只是投了多次简历实在找不到工作才消沉的，既然战友能够找到合适的工作，那自己应该也可以。

于是郑某积极联系了刘某，向他咨询经验和建议，刘某的热心指导和帮助给他点燃了一盏前进的明灯，他觉得生活没有原来想得那么糟糕，还是很好的。他接受了刘某让他系统学习汽车维修技术的建议，这为他增加了在社会中的生存技能，而且通过参加技能培训，他开始接触到更多外界的人，跳出了自己战友们的小圈子，性格变得开朗起来，也变得和父母容易相处了。其实，只要保持一颗阳光的心，不论是什么困难和问题都能够克服和解决。

什么是阳光心态？阳光心态是一种知足、感恩、达观、豁达的心态，是一种健康美好的心态。它能让人心境良好、人际关系和谐、适应环境能力强，有利于健康人格的培养。

1. 无法改变事实，就改变对它的态度

事实已经成为事实，我们无力改变，但我们可以改变面对它的态度，改变了态度就会有不一样的结果，正如美国作家奥·斯威特·马顿所说："事情取决于我们如何看待它们。"

相信当兵的人对军歌都是张口就来，《当兵就是那么帅》唱出了军人的风姿，红遍军内外；《军人的样子》更是将军人形象刻画得淋漓尽致,点击量过数千万……这就是原创作词人周广兵所创造的成就，一部诗集、一部词集、一台专场音乐会，他以一名退役军人的身份谱写着励志的人生故事。

周广兵，出生于山东郓城周河村，父母文化水平不高，但对于子女读书却看得很重，一直尽心竭力供他读书。周广兵在高中迷上了诗歌，便一发不可收，为了追求自己诗人的梦想，甚至不惜退学去过漂泊的生活。之后，他踏上了从军的道路，正是这一段经历让他对军人这一身份有了更深刻的领悟，而且也发现诗歌在当前已被边缘化了，他转变了创作思路，退役后开始研究歌词，他每天创作五六首歌词以增强自己的写作技巧，他也尝试各种方式推销自己的作品，然而很多人不相信一个退役的高中兵能写出什么好作品来。他一度心灰意冷，但他已将军人的精神融入骨血——军人选择了就不会当逃兵，他冷静分析终于找到了一条途径走上了音乐之路，他的作品得以在网上被传播、被传唱，《当兵就是那么帅》《向党看齐》《军人的样子》等军歌相继爆红。

他说，不能再扛枪保家卫国，就提笔复兴中华；武定天下文兴邦；向党看齐，自强不息；当兵的就是那么帅。周广兵用一颗初心坚持着、行动着，成为退役军人的榜样。

用美国思想家、政治家托马斯·杰斐逊的话说就是："一个人如果态度正确，便没有什么能够阻拦他实现自己的目标；如果态度错误就没有什么能够帮助他了。"

2. 多看自己拥有的，少看自己没有的

退役士兵小王经常说：我初中学历，在部队服役了 8 年，从部队回到地方我很是迷茫，在部队我的专业技能非常好，在很多技能大赛中都能获奖，可在地方，这些东西压根用不上，感觉很多方面我像个废人。

很多退役士兵都面临像小王一样的问题，有的人会积极主动去找办法解决，有的人会无限放大困难把自己困住。我们应该学会不能向上比较就向下比较，多看自己拥有的，少看自己没有的。

退役军人不仅有过硬的专业技能，还具有优秀的品质，从军营走向社会，也许比不过专业技能，但可以比品质。退役军人不管是先天的还是后天的优秀品质，在部队经过了无数次的打磨，已经打上了军事烙印，是纯粹的军营制造，他们是一批合格的军营"毕业生"。退役军人具有其他人无法比拟的优秀品质，吃苦耐劳、牺牲奉献、敢于冒险、敢于担当、绝对服从、顽强不服输、超强的自制力、集体荣誉感、善于合作等。

今年 37 岁的老张，2002 年入伍，2013 年退役。退役后的老张决定带着在部队所学的技术回到家乡创业。2014 年上半年，老张的公司正式成立，主营业务为高速公路上的路面材料生产。老张将自己带兵的方法论运用在经商上，他认为两者可以互通，只要与团队在一起，带好头，不怕吃苦，就没有过不去的坎。创业以来，老张常常穿上工作服，与工人一起进车间干活，有时一干就到深夜。他深知创业不易，一旦有了点成绩必然更加严格要求自己。老张的公司逐渐在市场上赢得了口碑，成长为当地小有名气的企业。

3. 认清楚人生的真实面目

德国哲学家叔本华赞成悲观的哲学主义，他把人生视为痛苦的、无意义的，"匮乏与无聊，正是人生的两极""人生的过程如同钟摆一样，在痛苦与无聊间来回地摆动"，甚至更是提出没有人是幸福的，忙忙碌碌地运转本来就是迫于生存，如果生存已经不成问题，就不知道如何是好了。可见，人生并不是如幻想的那般美好，它具有某种扑朔迷离的气质，酸甜苦辣百般滋味俱在，并需为自己的生存奋力拼搏，才是真正的人生。

老兵刘金财，1987 年应征入伍，2001 年退役回到地方。他一米七不到的个头，其貌不扬，且在一次执行任务中右前臂受伤致残，但并不妨碍他获得无数荣誉，举手投足更是无不处处彰显军人气质。退役后，刘金财开始了艰辛的创业之路。第一次创业是办汽车维修厂，因为条件不成熟，创业失败，亏损了 4 万多元。他并不气馁，着手第二次创业，这一次他吸取教训，一边自己开出租车谋生，一边广交出租车司机朋友开辟客源，终于让汽车维修厂再度开张，一举扭亏。接着，他又投资了黑木耳养殖，年收入达 10 余万元。2017 年他又承包了家乡几亩荒山、40 余亩水库，建立起鸡、鸭、鱼一条龙养殖基地。他身残志不残，照样可以成为搏击商海的好汉。

4. 关注当下，积极过好每一天

试着问一下自己：什么时刻最重要？现在正在做的事情让我感到快乐、自在和轻松了吗？

如果不是当下的时刻最重要，正在做的事情也无法让自己感到快乐、自在和轻松，那么说明你需要改变看事情和做事情的方式了。

我们做事往往更注重结果，而不是过程。如果将自己的注意力更多地放在当下正在做的事情上，而不是放在通过做这件事情所取得的结果上，只要关注当下时刻，不要在意行动的结果，因为结果会自然而然地产生，或许我们会变得完全接受当下时刻的事实，也会变得快乐、自在和轻松很多，而不是一边关注着这件事情，一边又抗拒它，与它在痛苦的旋涡里苦苦纠缠。

5. 抛弃不必要的杂念和烦恼

古人云"金无足赤，人无完人"。世界上不存在绝对完美的东西，变化永远存在，且往往出乎我们的意料，如果我们过分苛求，往往总会关注不足的地方，自寻烦恼，怨天尤人。我们要学会接受不完美。

老刘是解放军某部原技术9级助理工程师，2016年年底退役。因为当时战友的一句话，老刘一直在与自己较劲，战友告诉他：既然选择了重返社会这条路，那就一定要去创业当老板，而不要想着上班打工。直至今日，老刘仍深以为然，在经历了多次的创业坎坷后仍一直在不断寻求创业机会，不甘于平平庸庸地过一辈子。他说自己不后悔当时的选择，也不后悔走上创业这条路，人就必须敢于跳出固有的藩篱，将自己置于广阔的天地之间接受磨炼。不忘初心，方得始终；千锤百炼，乃得精钢。老刘不管自己选择的是什么样的道路，都在坚持走下去，抛弃不必要的杂念和烦恼，坚持初心，是一个有担当的人。

心态决定一切，心态才是真正的主人，一个好的心态在面对事情的时候更加积极，也更有利于问题的解决。退役军人建立并保持阳光心态，在面对自身与外界的转换和变化时才更加得心应手。

1.3　退役军人面临的转换与变化

从军营到地方，从战场到职场，从军人到普通的社会成员，从手持钢枪的国家守卫者到坚守岗位职责的国家建设者，退役军人将面临诸多方面的转换和变化：生活环境的转变、个人角色的转变、人际关系的转变、行为规范的差异、职业技能的更新等。

1. 生活环境的转变

退役军人群体中经常发出这样的声音：回来之后很怀念在部队的生活，喜欢那种无忧无虑的日子，现在的朋友做事方法以及社会上的一些现象让自己难以理解，感觉与社会格格不入。

确实，从走出军营的那天起，变化最大的就是生活环境的转变，退役军人将随着生活环境的转变而必然遭遇到文化、习惯甚至自我意识上的改变和颠覆：从部队大家庭回归到个人小家庭，从非常熟悉的上下级关系回归到生疏复杂的社会关系，从战场到职场，生活方式、工作方式、思想行为等都需要变通。在军营里，习惯了"直线加方块"单一透明的生活；到地方后，面临"每个人都是独立的个体"的丰富多元的生活，退役军人从思想观念到行为方式上都将面临真实而深刻的转换，如果不能尽快适应生活环境的变化，那么就会逐渐在心理和行为上与社会产生不协调的现象，也就会感觉到自己与社会格格不入。

2. 个人角色的转变

角色转变，即角色转换，就像演员在舞台上扮演不同的角色一样，人处在不同的社会地位，从事不同的社会职业都要有相应的个人行为模式，即扮演不同的社会角色。就拿退役军人这个角色来说，退役前，在军营里担当的是军人角色，训练本领、保家卫国是其肩负的责任和义务；退役后，作为一名退役军人，同时也会进入相应的工作岗位，担负着建设国家、发展经济的责任和义务。这种由于某种因素或者个人选择，出现由一种旧的行为模式向另外一种新的行为模式的转变，就是扮演了不同的角色。在转变期间还会出现心理特点的改变，因此，个人在转变时期就容易出现心理问题。

退役军人在角色转变时期会出现很多行为模式的差异，特别容易出现社会适应能力障碍。服役了 8 年的士兵罗某，2014 年退役，是一名进藏的退役士兵。藏区条件非常艰苦，他一年到头见不到自己的老婆和孩子，无奈选择了退役。按照相关政策可以选择岗位安置，但因为他是农业户口，在部队干满 12 年才能回来选择岗位安置。问题随之而来，由于长期的部队生活让他已经适应了那种简单的身份，他只需要遵守纪律、完成训练任务即可。回归家庭后，他需要做一个好儿子、好丈夫，担负起养家糊口的责任和义务。在这个过程中他遭受了很多困难，找工作不顺利，加上家庭经济压力大，导致罗某不知道怎样尽快融入社会、怎样和家人相处，经常无缘无故发脾气，而他的家人也因为他的变化及经济压力对他有所怨言。久而久之，他的精神状况不容乐观。

3. 人际关系的转变

外界社会和军营是两种截然不同的社会环境，所面临的人际关系自然会有很多不同。过去最熟悉的上下级关系和战友关系都会中断，成为令人怀念的"老战友"。取代这些"老战友"的是"新朋友",即将面对的是一群个性、独立、自由、新潮的形形色色的人,有领导、同事、朋友,还有路人,这一系列生疏而复杂的社会关系、人际关系,包括处理这些生疏、复杂关系的规则与规范都是一个极大的挑战。另外,对于生疏、复杂的社会关系和人际关系的重组、平衡及相容都需要花费大量的时间和精力,这也将对退役军人的能力提出了挑战和考验。

在部队只需要认真执行命令、履行好本职工作,生活有组织、领导、战友的帮助,而在社会上需要做的是创造生活、改善生活,一切需要自己的拼搏努力,不但要做好本职工作,还要处理好人际关系,更要不断学习和更新技能和知识,这对于习惯了服从指令和享受组织关怀而单纯生活的退役军人来说是非常不习惯的。

士兵小李退役后就进入了一家健身中心做教练,像许多血气方刚的年轻人一样,为了得到领导和同事们的认可,他经常对领导和同事们的"要求"有求必应,干的事情特别杂、特别多:接送领导的孩子上下学、上班路上帮同事带个饮品、下班时间帮同事加班、帮同事复印资料等都是常事。时间长了,小李也没有发现自己引起了领导的注意、与同事关系相处有多融洽,只是在他们需要帮忙的时候才会对他有商有量。小李开始着急,他不知道自己什么时候才能得到领导和同事们的认可,也开始变得迷茫,不知道自己的坚持是否正确。

4. 行为规范的差异

从普通社会成员到入伍成为军人,从军人到退役军人,从退役军人到普通社会成员,这是一个不断调整和转变的过程,在这个过程中需要对自己的行为规范做出相应的调整和改变。也就是说,一如刚刚入伍,普通社会成员成为一名军人,需要由一个自由散漫的社会人员蜕变为服从指令、听从安排、自律自强的军人,军人退役后需要再度对已完成一次转变的行为规范做出调整,相当于对行为规范进行重组。

军人退出现役,即标志着一种角色的转换,随之转换的自然少不了相应的行为规范。不同的角色被赋予了不同的要求和期望,相应地也被规定了不同的行为规范,如在一家公司里,董事长有董事长的行为规范,经理有经理的行为规范,普通员工也有其应该遵守的行为规范,不同的岗位有不同的行为规范。军人退役之后，过去的行为规范渐渐消逝，新的行为规范将接踵而至，学习新的行为规范是退役军人回归社会的一个不可逾越的过程。退役军人只有顺应了所在的行业与环境，调整和学习新的行为规范，才能适应新的工作环境，进而有所作为。

5. 职业技能的更新

所谓隔行如隔山，军人退出部队后，需要学习一些新技能来融入社会。军人的天职是服从命令、保家卫国，他们被要求必须具备过硬的军事素质和军事技能，在服役期间的大部分时间也是以军事训练为主，文化学习和技能培训的时间很少，也使得大多数退役军人很少接触到职业技能教育和相关培训。军人退出现役回归社会，没有枪炮修、没有坦克开，过去的专业技术尖子等荣誉失去了使用价值，加上他们接触社会的机会少，又普遍缺乏一技之长，在进入一个不太了解甚至完全陌生的职业领域之前，职业技能的再学习就成为适应新转换与新变化不可或缺的环节。例如，进入会计行业前，需要学习会计专业的知识技能，接受职业技能培训，诸如丰富的税务知识、熟悉相关操作流程、能够进行成本核算及账务处理等。准备就业的退役军人只有掌握了一门职业技能，开始新的职业生涯，才能更好地适应新的工作岗位，进而从容地应对始料不及的种种改变。

 案例

27 岁的房产中介大刘，年纪轻轻就已经在深圳购置了房产和汽车，谁都想不到他曾经在部队服役了 5 年，而且第一份工作还是从一名保安做起的。3 年前，大刘从部队退役后只身来到深圳，因为什么都不懂，只好落脚在一个物业公司做一名保安，这时的他一无所有，仅能容身的一个地铺也是公司提供的。他老家的恋人也因为他的穷困和远走他乡而成为别人的新娘，他每每想到自己的现实状况，就不甘心，自己还年轻，不应该窝在这里当一个保安。他想到了当时公司对面的小区房产中介，听别人说，做房产中介一个月能赚几万块，他毅然决然辞了保安工作，转而投奔房产公司。

保安这个行业门槛低，与他在部队的经历还是有点关系，可进入了房产中介这个行业，虽然门槛同样不高，但却与自己的经历一点关系都没有，想到自己一没文凭，二没经验，不知道这次的选择是否正确。大刘在短暂的迷茫后，凭着军人的热血，坚定地相信自己的选择。进入房产公司第一天，经理安排他与两个新人一起跑盘，行内人都知道跑盘，就像部队新兵集训，痛苦、辛苦、折磨人，两天之后只剩下大刘一个人还在坚持。总之，这次跑盘，让大刘对周边小区情况有了一些了解，也让他慢慢地对房产中介这份工作有了一点了解。这对于他来说还远远不够，而且自己并没有通过试用期，也就是说他还没有得到经理的认可。

现在，摆在大刘眼前的困难主要就是对房产中介这个行业比较陌生，他还需要继续深入地学习和了解，而房产中介行业对新人却是最不友好的，因为来了新人就多了竞争，就意味着有人会抢自己的饭碗，老同事自然不会照顾你。房产中介的抢单现象很严重，如果不够眼疾手快，自然抢不过老同事。

大刘不惧这些困难，他利用经部队训练得来的思维优势，将工作联想到打仗上，打仗讲究战略战术，那么工作也得讲究方式方法。他此时负责的是一个小区的业务，就分析哪些网站来咨询楼盘的客户较多，然后专门筛选出来发布该小区的房源，每天定期发布、定期刷新，虽然总结出利用优势网站资源提高房源对客户的吸引力这一方法，但这种单纯地在网上发布、刷新耗时耗力，收效依然不明显。他开始主动去网上学习发布房源广告的技巧，选择把适合自己的、对自己有帮助的内容记录下来，同时对需要发布的房源一一进行实地了解，只有对房子的理解比别人更深刻，才能更精准地抓住客户需求。大刘不断地学习、分析、总结，慢慢地对房产中介这个行业有了深刻理解，在这个学习过程中逐渐掌握了发布房源的技能，发布房源不再是盲目发布和刷新，而是有针对性地编写信息及做出调整，发布房源变得更加容易了，标题和内容描述也更加精准了。

懂了如何发好房源，再加上对房子的深刻理解，大刘总是能说到客户心坎上，自然就有了业务成交量。经过一年的客户积累、不断学习和磨炼，大刘业务量月月攀新高，得到了公司提拔，也慢慢地成为房产中介这一行业的佼佼者。

退役军人这个群体，因其特殊性而面临如此多的考验与挑战，从内在心理到外在环境，从内在心理调适到外在环境适应，对退役军人的各种能力提出了更高要求。在经受如此多的考验与挑战过程中，正确看待自己、认识自己才能更好地与考验和挑战搏击，赢得最终的胜利。

1.4 退役军人如何认识自己

在经受各种考验与挑战的过程中，退役军人具有自己的优势，也具有明显的不足。作为一名退役军人从哪些方面认识自己，才能更好地迎接考验和挑战呢?

1. 具有优秀品质

（1）吃苦耐劳。

随着现代生活水平的不断提高，吃苦对很多人来说似乎成了一件遥不可及的事情，但在军营里却永远有吃不尽的苦头。部队不是想留就能留下，部队也从来不养闲人，高强度的军事训练和雷打不动的规律生活，铁打的纪律和优良的作风，培养了军人"吃大苦耐大劳"的意志品质。回归社会、回到地方，这种特别能吃苦的精神便演化为特别能战斗的生产力，特别是在创业初期也是靠着这种意志品质渡过一道道难关。

（2）牺牲精神。

选择了军人这个职业，选择当兵这条路，就意味着会牺牲很多。牺牲对家人的陪伴、牺牲与恋人的花前月下、牺牲自由安逸的生活，甚至可能牺牲自己的生命。有牺牲便会有付出，而付出的越多回报的也会越丰厚。

（3）绝对服从。

军人的天职就是服从命令。进入军营的第一课就是学会服从。军令如山，没有无条件的执行作战命令、没有无条件的服从，就不会有胜利。整体的巨大力量是来自个体的服从精神。军人退役后，在工作中也会绝对服从领导的安排。

（4）自信。

再自卑的人在军营这种热血澎湃、激情昂扬的环境氛围熏陶下也会建立起自信。军人昂首挺胸，喊着响亮的口号，迈着整齐的步伐，自信满满。而自信就是军人的战斗力，已融入他们的骨血中。

（5）责任感。

缺乏责任感的人是当不了兵的。军人的责任感有时候比能力更重要，军营生存法则之一就是褒奖勇者，鄙视懦夫。一旦穿上了军装，军人的责任感便如影随形，大到国家民族，小到连营班排，军人时时处在责任中。推脱责任、不敢担当，在军人眼里都不是男子汉所为，更是一种懦夫的表现。

（6）良好的心理素质。

军人已具备了许多成功的心理要素，其中良好的心理素质就是成功必备的心理要素之一。和平年代的军人尽管没有经历过战争，但比同龄人经历了更多锻炼和磨炼，他们吃过很多的苦、迈过很多的坎，这些都塑造了他们良好的心理素质。他们遇事不乱、处变不惊、泰山崩于前而色不变，这是退役军人在走上工作岗位、自主创业取得成功必不可少的心理要素。

（7）果断。

面对突如其来的变化和措手不及的状况，军人更加能够快速做出判断、果断下决定，该出手时就会出手，优柔寡断、犹豫不决不会在他们身上见到，因为他们懂得在该出手时不出手只会让事情变得更加糟糕、错失最佳时机。果断并不是盲目的、不加思考的，相反恰恰是深思熟虑后的决定，并彻底执行这一决定，没有任何不必要的疑虑。

（8）不服输。

战争是残酷的，关乎生死，军人在生死之争的面前不能输，输即意味着失去生命，甚至全军覆灭。正是这种残酷环境使军人形成"见红旗就扛，见第一就争"的条件反射，长此以往，不服输、争第一成为军人的生存本能。退役军人以不服输的信念在不同的工作岗位、不同的创业条件下坚持初心、直面困难、永不放弃。

（9）自制力。

自制力是指人们能够自觉地控制自己的情绪和行为。既有利于激励自己勇敢地执行任务，又有利于抑制那些不符合既定目的的愿望、动机、行为和情绪。自制力是一个人坚强的重要标志。军人在日积月累的训练中锻炼了极强的自制力，能够更有毅力抵住诱惑，更坚定地去达成目标。没有自制力的人会很快品尝到失败的滋味，遭遇人生的滑铁卢，而自制力强的人终会获得成功。

（10）善于合作。

个人脱离不了集体，要重视团队力量、善于合作，才能更好地发展。军营是个大熔炉，更是个大家庭，少了组织的关怀、上级的指导、战友的帮助，个人就会失去前进的方向。军人常唱的一首歌"团结就是力量"，完美诠释了合作的重要性。军人团队意识更强于社会普通成员，战友之间往往都配合默契。

许多退役军人在平凡的工作岗位上表现出了不平凡的优秀品质。

王启荣，男，1957 年生，广西壮族自治区那坡县烈士陵园原园长。20 世纪 70 年代，他作为国防民兵哨所一名机枪手参加边境自卫还击作战，不幸负伤，右腿落下终身残疾。退役后，他成为那坡县烈士陵园的一名专职守陵人，说守对当初的工作环境来说有些不准确。陵园最初不通水电、杂草丛生，就是一座荒丘野岭，临时安葬着 900 多座英烈的坟墓，大家都觉得不吉利，同事渐渐离开，只剩下王启荣一人坚守，这一守就是 36 年。

他为了让烈士有个好的归宿，烈士安葬、园容园貌整治等工作几乎都是靠他一人之力完成。最困难的时候，他用愚公移山的韧劲一个人在山上连续工作 4 个月，吃住都在山上，白天干不完活，晚上继续干，一点点挖土砌坟，栽花种树，让陵园面貌焕然一新。

他为 900 多名烈士保存了身份、找到了"家"。他对所有烈士的情况了如指掌，他整理了详细资料，按照烈士籍贯进行分区，完善了陵园信息库，只要说出名字，他就能准确指出烈士墓碑的位置，说出烈士的事迹。他还发现有些烈士没有亲属来祭扫，便为这些烈士踏上了漫长的寻亲之路，为他们寻找"失联"的家属，2017 年他成功找到了所有"失联"的烈士家属。

王启荣已经退休，但他依然经常出现在陵园里，他说："这么些年过去了，如果一天不来陵园走一圈，心里总觉得少了些什么。"他还说："只要我还走得动，就会一直守下去！"

刘传健，男，1972年生，1991年入伍成为空军第二飞行学院的飞行员，2006年退役后加入四川航空股份有限公司担任重庆分公司飞行分部的责任机长。从部队到民航，从战场到职场，从驾驶战机到驾驶客机，他始终把敬畏生命、敬畏规章、敬畏责任挂在心头，始终把确保飞行安全作为最高职责。他坚信，只有平时多流汗，战时才能少流血。正是凭着这种思想信念，他从未发生过一起人为原因导致的不安全事件。

2018年5月14日，这一天是无数个飞行天数中的寻常一天，但却让刘传健一生难忘。他驾驶的航班从重庆江北机场起飞进入成都区域，在9 800 m高空发生了一场"生死浩劫"。飞机驾驶舱风挡玻璃爆裂脱落，副驾驶员半个身子被吸出，自动驾驶功能失灵，气流速度达到800 km/h、气温降至零下40 ℃……刘传健回忆了当时的情景，仍心有余悸。

一想到飞机上还有那么多的旅客，15年军龄的他不惧险情，以军人作风在生死关头迎难而上、沉着果断进行处置：十几秒，无一次失误地完成36个完整动作；34分钟，操作飞机平稳落地。刘传健带领机组成员临危不乱、正确处置，成功确保了机上119名旅客的生命安全。

他说："部队培养了我非常坚强的意志品质，能够在关键的时候不放弃，这种类似的品质，我觉得作为一名军人都是必备的，也是我们每名军人拥有并会让我们受益一生的东西。"他用27年的高标准飞行品质诠释了退役军人那份退伍不褪色的军人品格。

2. 正视自身不足

1）社会阅历浅，盲目自信和信任

退役军人必须要面对现实，认清楚从脱下军装的那一刻、踏出军营的那一天开始，峥嵘岁月已成为过去，那些上下级关系、战友情义、无忧无虑已是永久的回忆。踏入社会就是得靠自己一步一个脚印走出自己的路。无论从军多少年，无论年龄有多大，既然脱下这身橄榄绿，就再没有大锅饭。而现实是，初入社会，很多退役军人却还放不下军人的自尊和面子，从固执的自信和盲目的信任开始生活。

刘某退役之后，不愿意进入公司给别人打工，不愿意接受别人的安排、受别人管束，就一心想着自己创业当老板。可是创业并不是一件容易的事情，加上他自己没有什么社会经验和阅历，也没有做有关创业方面的准备工作和经验积累，最主要的问题是他自己并没有意识到他这些不足和欠缺，反而对自己很有信心，一副雄心勃勃的样子。一段时间内他潦草做了创业规划，也就是与几个朋友进行了几次简单的沟通、接触，逐渐被朋友说动，并对其十分信任，便匆匆忙忙开始了合伙开公司的历程。可是慢慢很多问题让他应付不来，如公司如何经营、如何盈利、如何控制成本等，他根本不了解、不熟悉这些知识，结果他和朋友把公司弄得一团糟，最终懵懵懂懂的他只好接受失败的教训。

2）人际沟通能力有待提高

人与人之间的沟通是个人在社会集体生活中必然发生的，是社会上的成员之间结成的相互行动。军人群体与社会普通成员群体有着明显的区别。军人的天职是服从命令，具有严肃的氛围、鲜明的等级、严格的纪律，生活上有组织的关怀、战友们的帮助，比较简单透明。从部队到社会、从战场到职场，很容易在面临一些转变的过程中产生问题。一些退役军人在进入社会的初期阶段，面对陌生的局面充满了担忧，他们学会的是军人的行为规范，熟悉的是部队的环境氛围，一时不知道该如何处理发生在自己身上的问题，包括社会语言的变迁会妨碍他们与别人的沟通、新事物的不断涌现会对他们的生活造成不便，他们容易与周围的人没有共同话题，也就导致他们很难尽快融入共同所处的生活中，长此以往，生活中也必然会出现种种矛盾，如与家人无法友好沟通、和睦相处，总觉得家人不关心自己、不理解自己等。如果退役军人能够积极主动地去适应社会的新变化，尽快调整自己的行为规范，适应新的环境氛围，问题则会很快解决。

何某，男，35岁，十几年军龄，农业户口。从部队退役后无法选择岗位安置，就与妻子到重庆一家工厂打工，孩子在老家由父母照顾。他的家庭负担较重，每个月工资只有 3 000 多元，他和妻子每个月都会将大部分工资寄回老家，父母都患有老年慢性疾病，每个月的医药费和孩子上学的费用是家里一笔不小的开支。由于自己当兵时间长、学历不高、家庭条件也不够宽裕，总觉得自己被别人看不起，他的交友圈子也不大，主要是同在工厂的几个同事和以前的老战友，而他更是经常都会和老战友打电话，把主要的压力向老战友倾诉，甚至连自己的妻子也被他忽视，他并不主动与妻子和周围的人进行沟通、交流。何某便是把自己局限在老战友这个小圈子中，对外界的人际沟通选择用逃避的方式去对待，许多问题也将终会由此产生。

3）职业技能不高及观念滞后

退役军人在经受外界转变过程中出现的很多问题都伴有经济因素的存在，经济因素成为退役军人重新定义自己位置、角色的本质和核心因素，那么什么导致了退役军人经济困难呢？主要就是职业技能不高和就业观念滞后所导致的。许多退役军人因为不符合安置标准一般很难得到较好的安置待遇，另外退役军人的就业技能不够、就业需求不足、就业环境欠佳等，也导致他们很容易待业或失业，继而会产生自卑心态，高不成低不就，不好找工作，在部队的荣誉感也逐渐消失，这已经成为一种社会问题。

赖某，男，39岁，在东北某部队服役7年，服役期间有一定的工资收入，积攒了一些积蓄，退役后直接领了一次性10多万元的退伍金。回到家乡后，他和朋友合伙开了一个小建材商店，也将房子买在老家周边县城内。他在服役期间已经成家，育有两个子女，除了还房贷，还得负担家庭支出和子女的教育，经济不是很宽裕。由于近几年房地产市场并不景气，建材等原材料成本上升，生意也没有以前好做，加上自己又没有一技之长，现在的状况也只能够勉强维持家庭基本开支。

退役士兵沈某在找到新工作不久后就不太想去上班了，因为在单位看到同事们坐在电脑前熟练地操作各种系统软件，并得知自己的文化程度是最低的，他觉得自己很丢人，在部队里完全浪费了时间，除了训练还是训练而没学会其他有用的知识和技能。

4）职场经验不足无法定位自己

在找工作方面，退役军人比普通社会成员更加困难，主要原因在于他们长时间脱离社会，这导致了他们职场经验的缺乏，让他们失去了在职场上竞争的优势。不管军人品质如何优秀、组织纪律性多强、牺牲奉献意识多高、体格体魄多硬，这些部队的必备生存技能并不能转变成职场上的优势，在部队里获得的荣誉也未必会在职场上加分。

退役军人对职场的了解少之又少，简历不会写、不会穿着打扮、缺乏面试技巧和表达能力、不会推销自己。军人更多的是以军人作风、以一种到一个新单位报道的心理和行为来定义自己的，不能精准地自我定位，展现自身优势。社会用人单位的人事负责人不一定参过军，他们并不知道退役军人在部队的工作价值和意义、对原工作岗位的重要性、所从事专业的重要性。

如果能够了解自己适合的职业类型，把握自己的就业优势，做好职业规划，尽快找准自己的职业定位，适应社会就业环境，退役军人可能就不会被工作问题所困扰了。

1986年出生于南方乡村的范某，初中毕业后便决定入伍，2004年终于实现当兵入伍梦，成为某武警总队直属警卫大队的一名士兵，他在当兵期间多次执行重大任务，并圆满完成，多次获得集体三等功、个人三等功等荣誉。2012 年他正式退役，选择回乡创业。他的家乡在南方，山清水秀，还保留了部分原始自然的风貌，他经过一年反复的学习、调研等，决定从事旅游行业开发自己家乡的旅游业。经过两年时间，他的旅行社挂牌营业，此后他又经过学习了解到旅游还可以和疗养等产业相结合，于是扩大了业务范围，成立了疗休养服务公司。他还结合自身从军的经历，认为军人虽然在部队锤炼了很多可贵的品质，但进入社会后技能太单一，并不能很好地适应社会的新发展和新变化，便开办了技能培训中心，以帮助更多的战友学习一技之长，尽快适应社会。

范某结合实际找准了自己的定位，创业过程自然少走很多弯路。

第 2 章

职 业 规 划

2.1　退役军人为什么要做职业规划

 **案例**

　　小刘是济南济阳人，从童年时代起就开始喜欢变形金刚一类的机甲战士，但是在那个年代家里的经济条件并不好，主要经济来源便是务农，他只能和哥哥一起用泡沫做一些简单的模型，或者用笔画一些自己幻想出来的机甲战士。他从很小的时候就展现出过人的动手天赋，在读初中的时候他通过观看电视节目就能学会节目中的匠人用萝卜雕刻出一个龙头。高中毕业之后小刘应征入伍，也就在这个时候他放下了心中对于机甲的梦，而这一放就是15年。在这15年的时间里，他经历了复员、就业、结婚、生子，现在已经成为一个中年大叔。

　　2015年3月小刘在网上看到了一篇关于蒸汽朋克昆虫的文章，外国人仅仅用机械零件就组装成了昆虫。这篇文章也重新点燃了他年少时对机甲的热爱之情，他开始在家自己动手制作。凭借自己过人的动手天赋，他很快就学会了机械昆虫的组装方法。此后，他便有了更高的追求，即自己研究机甲组装。目前他最得意的一件作品就是一个高20 cm、重800 g的机甲战士。这个机甲战士用了1 000多个五金零件，制作时间长达两周。在研究机甲组装的4年时间里小刘制作出25款不同的机械造型，由于期间失败的案例很多，他已经记不清到底报废过多少个机甲了。

　　小刘在网上公开自己的作品之后，不断有人向他求购买或者定做，这也缓解了他的部分生活压力。他自己也经常开玩笑说，卖机甲的钱全部给两个儿子买了尿布和奶粉。相比市面上常见的普通的机甲手办，小刘的机甲作品全部是由金属零件拼装而成的，具有其他材质达不到的金属质感，因为纯金属器材的质感不是塑料器材能比的。

　　在2019年，一个同样热爱机甲的成都小伙不远千里专程到济南来向他学习，最终花费3万块钱学到了这种机甲的组装方法。

为了让更多的人体会到组装机甲的乐趣，小刘还开发出了一套组装相对简单的四足机甲和部分机甲组装的教程，并通过互联网推向市场，很快获得大批机甲组装粉丝的热爱。

　　谁说退役军人不容易就业？80后退役军人小刘4年时间里制造出25款机甲车，年收入50万元，他的梦想就是开办自己的机甲工作室。

　　这个案例中我们看到一个退伍老兵将自己的职业与自己所喜欢、擅长的事情进行完美结合，通过不断的练习，合理的推广，终于将爱好变成了事业。今天很多即将退伍的老兵们，你们是否也想拥有这样的生活？如果答案是肯定的，那么就让我们一起通过职业规划朝着梦想迈进吧。

　　"职业规划"听起来高端、大气、上档次，似乎离我们有些遥远，但其实质就是一个自我管理的过程，即先了解自己，然后了解外部环境，最后给自己找到一个合适的平台来实现自己的职业追求。在这个过程中，职业规划个人发展路线，也是具体的行动计划，更是时间、精力的分配方法，贯穿我们整个人生。因此，有规划的人生路通向光明的殿堂，没规划的人生路转向迷茫的深渊。

2.2　退役军人在职业规划中最容易出现的误区

　　退役军人在进行职业规划时经常走入一些误区，应引起大家的注意。

1. 关系与资讯的误区

　　很多退役军人在自主择业过程中总是看重托关系、找门路，而忽略基础信息与关键信息的收集，认为到了地方就要找老乡、找战友，似乎只有找到关系就业才有保障。事实上，现在地方上的聘任，无论是岗位名额，还是流程、方式等都已经越来越透明、越来越规范，"托关系"这条路可谓越走越窄，如果执意走这条路，最终耽误的可能是退役军人自己。其实只要放下走捷径的心理，就会发现在人才招聘市场及网络上有很多人才招聘的信息，退役军人完全可以通过自己收集资料的方式了解当前就业市场的基本情况，并找到适合自己的一些行业和岗位。在寻找信息的过程中，退役军人还可以了解地方的一些政治经济情况，这可看作一份意外的收获。

2. 理想与现实的误区

大量调研结果表明，很大一部分退役军人是比较自信的，在进行职业规划时，往往希望一步到位找到一个收入稳定又体面的工作，但是理想与现实是有差距的，真正能得到如此"理想"岗位的退役军人少之又少。大部分退役军人能够进入的可能都是中小型的企业或者服务于比较基层的岗位。事实上，越是基层的岗位个人提升空间越大，如果一个刚刚离开部队的战士在不完全了解地方的情况下就得到了各方面条件比较优厚的职位，则其所面临的潜在风险可能更大。退役军人应辩证、理性地看待理想与现实的差距，正确评估自己，充分理解"千里之行，始于足下"的道理，甘愿从小事做起，一步一步脚踏实地实现自己的理想。

3. 改变与不变的误区

有些退役军人认为地方上看重的是为人灵活和办事圆滑的人，因此想改掉自己已经形成的严守纪律、坚守原则、敢讲真话的习惯和作风。事实上，地方招聘中，用人单位最看重的恰恰是退役军人在部队所培养出来的品质，如正直诚实、执行力强、忠诚度高等。这些品质才是退役军人真正的就业利器，退役军人一定要保留这些难得的好品质，坚守特有的好作风。

4. 做好现在与发展未来相冲突的误区

相关调研显示，相当一部分退役军人并没有意识到最初的本职工作实践本身就是创业的一部分。因为创业者所需要具备的很多能力和素质都是在最初的本职岗位上形成的。无论在部队还是在地方，日常工作的点点滴滴，对自身都是一种锻炼和磨砺。因此，无论当前做的是什么工作，如果都能以创业者的心态而非打工者的心态去面对，注意观察、注重积累，就能够将做好本职工作与未来发展结合起来，从而得到更辉煌的职业未来。

2.3　退役军人的职业规划的步骤是什么

1. 了解自己的性格、职业兴趣、职业追求，完成个人探索

地方不同于部队，部队对任何事情都有统一化的要求和标准，纪律严明。在部队中，需要执行统一标准，以高度执行力实现整体作战。地方的企业更多讲究的是团队的配合，没有那么多标准和要求，在这样的体制下，每个人的个性就会显得比较突出，大家求同存异，发挥各自的优势。

每个人的性格都是不同的。有的人性格外向，善于言谈，人际关系能力强，喜欢在公众面前发表自己的言论；有的人则性格内向，忠厚老实，喜欢独立地去思考问题；有的人对事情执着，遇到挫折不气馁；有的人则脆弱，容易被失败击垮；有的人喜欢挑战性的工作，压力越大斗志越旺盛；有的人则喜欢安定平稳的生活，不能忍受过大的压力……任何事情都具有两面性，有好就有坏。热情、善谈的人可能不够稳重；忠厚、脾气好的人可能缺乏主见……先要分析自己的性格，看看自己的性格具备上述哪些方面的特点，找到自己性格中的长处、短处，确定适合自己的岗位。

很多成功人士的成功经验告诉我们，兴趣是最好的老师，能够给我们足够的勇气去面对困难与挑战，但是将兴趣转变成职业是需要机遇的。如果未来我们做的工作能与我们的兴趣结合起来，一定会给我们的工作和生活带来更多的欢乐。

职业追求简单来讲就是个人追求，体现在做决策，以及对事物重要程度的排序上。明确自己的职业追求能更好地做决策。对于"职业追求"，很多人其实是迷茫的，不清楚自己要什么，所以没办法制定自己的职业规划。在制定职业规划的过程中，有一步是探索职业价值观。职业价值观反映了职场人在工作中的个人追求，退役军人可以通过探索职业价值观来理清自己的职业追求，即将个人追求与工作相结合的一种规划技术。

2. 分析自己擅长的知识、技能

每个人都有自己擅长的知识、技能。在部队中有不同的兵种，每个兵种有不同的工作技能，分析自己学习过和所掌握的知识技能，明确哪些是自己精通的，哪些是自己熟悉的，哪些是自己的弱项，然后再分析自己有意向或者将要从事的工作岗位所要求的知识和技能，结合自己的实际情况，确定自己在哪些方面能够满足岗位要求，以及存在哪些不足之处，扬长避短，提升转业后的竞争力。如果岗位要求工作人员具备较高的计算机水平，而自己在这方面有所欠缺，就可以通过参加学习班或求助别人传授相关知识，来提高自己在这方面的知识和技能，只有做到上述这些方面，才能让自己在工作中立于不败之地。

3. 熟悉职业世界，做出职业选择

由于部队封闭式的生活，军人与外界隔绝的时间少则两年，多则十几、二十年，外面的世界瞬息万变，早已不是熟悉的样子。曾经有一位退伍后的面试者，他对岗位的认知与理解完全基于部队系统，结果发现部队与企业的运营机制完全不一样。所以退伍之后，我们首先需要做的是了解现在的职业世界，即像一个刚出生的婴儿认识世界一样，重新了解职业世界，以行业、企业、职业这样的顺序分析现在的职业世界。解决信息成堆的问题后，很快就能找到适合自己的工作岗位。了解职业世界的途径有很多，建议大家可以跟原来的同学、战友、亲人、朋友交流经验。在这个过程中，一定要注意查询公司的合法性。有报道显示，很多退役军人被骗去做传销，这进一步说明，查询公司合法性非常重要。推荐大家一个查询方式：在百度中搜索"天眼查"，或者下载"天眼查"的App，打开"天眼查"输入想要查询的公司全称，就可以看到查询所查询公司的经营状况、注册资金、法人、主营业务等内容。这些信息方便你辨识所要查询企业的合法性。

4. 不断行动

确定职业方向后，我们就开始制作并投递简历，参加面试了。在这个过程中，发扬军人的优势，积极行动，在实操的过程中总结成功的经验与失败的教训，让自己快速适应职场生活。当我们的工作能力与经验不断提升时，我们可以进入下一个职业发展阶段。

2.4　职业测评对退役军人有什么帮助

自我了解是进行职业规划的第一步。我们需要了解职业性格、职业兴趣、职业价值三方面的内容，最简单有序的方法就是通过职业测评的方式。职业测评只是心理测评的一种，因此要想了解职业测评对退役军人的帮助有哪些，首先要了解是心理测评。

心理测评是根据心理学原理设计程序，对心理因素进行测量。这里的心理因素指"智力""兴趣""性格""人格特质"等。那么什么样的心理测评可以认定为规范且优质的心理测评呢？简单来讲，规范且优质的心理测评需要具备一定的信效度。什么是信度？一个测评的信度越高其可靠程度就越高，当同一个人多次接受这个测评时，就应得到相同或大致相同的成绩。什么是效度？效度则是指一个测评可以有效地测量出施测者所关注的心理素质状况的程度。职业测评作为心理测评的一个分支，就是对与职业需要相关的心理因素进行测量和评价，并客观展现出相关信息。

比如："我喜欢什么工作？""我擅长什么工作？""我喜欢喜欢什么样的工作方式？""我能接受的工作和生活之间的关系是怎样的？""职场中我处理事物和人际关系的方式与风格是什么类型的？""我适合创业吗？"回答这些问题，其实就是最初的职业规划的自我规划，职业测评就是在退役军人进行职业生涯自我规划过程中，通过测算、评估和解释，为退役军人择业提供更科学、更有效的依据和支持。

职业测评对于个体的职业规划可以起到很实际的作用，提供非常实用的帮助。

（1）更好地理解自己。通过对自我的性格类型、兴趣特点的深入理解，从全新的系统化的角度认识自我，了解自我与众不同的特点及其背后的原因。

（2）扬己所长、避己所短。通过对自己性格、动机的了解，探索自身的优势和不足，从而有意识地扬长避短，有针对性地制定适合自己的职业发展规划。

（3）选择适合自己的环境。了解适合自己的环境特点和工作特点，寻找自身优势与环境的契合点，摆脱无所适从、不知道前路在何方的迷茫状态。

（4）开启职业生涯规划的旅程。伴随着自我探索和自我成长，职业测评可以通过与丰富的职业信息资源的链接，使个体与其可能感兴趣的职业领域保持信息联通，启动个体对职场的探索，从而踏上终生的职业生涯自我规划的旅程。

2.5　退役军人为什么需要了解自己的职业性格

包括退役军人在内的所有人常常会有这样那样的疑问："我性格内向，适合什么工作？""哪些职业正好匹配我的性格？""以我的个性从事什么行业好？""我性格中的优势和劣势是什么？""我是不是该继续现在从事的职业？"，等等。

性格和职业之间到底存在什么样的关联呢？当性格与职业联系到一起时，便产生了一个新的概念——职业性格。

职业性格是指人们在长期特定的职业生活中所形成的与职业相联系的、稳定的心理特征。例如，有人适合并喜欢连续不断地从事同一种工作，喜欢按照一个固定的模式或别人安排好的计划工作，爱好重复的、有规则的、标准化的职业。但有些人会觉得这样很没意思，喜欢工作内容经常有些变化，在有压力的情况下工作得很出色，追求并且能够适应多样化的工作环境，善于将注意力从一件事情转移到另一件事情。再比如，有的人乐于设法使别人同意自己的观点，能够通过交谈或书面文字达到自己的目的，对别人的反应具有较强的判断能力，并善于影响他人的态度、观点和判断。而有的人喜欢配合别人或按照别人的指示去办事，愿意让别人对自己的工作负责，不愿意担负责任，不愿意独立做出决策。这些都是不同性格在工作中的具体体现。性格反映人的价值观，同时影响人的行为方式。性格类型和职业类型的匹配度，决定了事业能否成功。如果一个人从事的职业和他的性格相适应，并具备相应的能力支撑，工作起来就会得心应手，心情舒畅，也更容易取得成功，有利于实现自身价值的最大化。如果性格与职业不适应，就会阻碍工作的顺利进展，从业者就会感到被动，缺乏兴趣，力不从心，精神紧张，给个人发展和组织造成负面影响。可以这样说，性格决定着职业发展的长远方向，关乎个人前途。了解并把握自己的职业性格，有助于退役军人择业、创业、立业。

2.6　退役军人应如何了解自己的职业性格

职业性格是职业测评非常关心的心理品质之一，在网络上、报刊中，经常出现各类测评工具，包括心理学的专业量表和一些未经校正的测评，其中 MBTI 是目前性格测试中最著名的工具之一。MBTI 在世界范围内运用了将近 30 年，涉及领域十分宽广，夫妻利用它增进彼此感情，学生利用它提高学习效率，青年人利用它选择职业等。世界五百强中 80%的企业积累了 MBTI 的应用经验，如中国的"宝钢""海尔"等大型公司，将其用于员工的性格分析、认定，以便公司对员工进行全面有效的发展规划。那么，什么是 MBTI 呢？MBTI 是 Myers-Briggs Type Indicator 的缩写，译为：迈尔斯·布里格斯性格类型测试量表，这是一整套迫选型、自我报告式的性格类型测试工具。下面截取了 MBTI 量表的部分题目，旨在让大家对 MBTI 有一个直观的、整体的认识。

MBTI 性格类型测试问卷题目示例

- 当你遇到新朋友时，你_____。

A. 说话的时间与聆听的时间相当（   ）

B. 聆听的时间会比说话的时间长（   ）

- 下列哪一种是你的一般生活取向？

A. 只管做吧。（   ）

B. 找出多种不同选择。（   ）

- 你喜欢自己的哪种性格？

A. 冷静而理性。（   ）

B. 热情而体谅。（   ）

- 你擅长_____。

A. 在有需要时同时协调进行多项工作（   ）

B. 专注在某一项工作上，直至把它完成为止（   ）

- 你参与社交聚会时，_____。

A. 总是能认识新朋友（   ）

B. 只跟几个亲密挚友待在一起（   ）

以上是 MBTI 的题目示例，那么 MBTI 的结果是如何呈现的呢？MBTI 人格共有四个维度，每个维度有两个方向，共八个方面，如图 2-1 所示。

以外向（E）和内向（I）为例，我们以自身为界，可以将世界分为外部世界和内部世界。外向的人倾向于将注意力和精力投注在外部世界，而内向的人则相反，较为关注自我的内部状况。外向与内向的个体之间的区分是广泛而明显的，并不像我们平时讲的"外向者健谈、内向者害羞"那么简单，具体见表2-1。

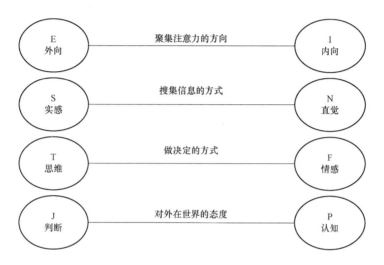

图 2-1　MBTI 人格

表 2-1　外向型和内向型人格

外向型（E）	内向型（I）
与他人相处精力充沛	独自度过时光，精力充沛
行动之后思考	思考之后行动
喜欢边想边说出声	在心中思考问题
易于"读"和了解，随意地分享个人情况	更封闭，更愿意在精挑细选的小群体中分享个人的情况
说的多于听的	听的比过说的
高度热情地社交	不把兴奋表现出来
反应快，喜欢快节奏	仔细考虑后，才有所反应
喜欢广度而不是深度	喜欢深度而不是广度

其他三个维度也是如此，每一个维度上都有两种截然不同的表现：在实感（S）和直觉（N）维度上不同类型的个体接受信息的方式不同。实感型的人关注的是事实本身，注重细节；而直觉型的人注重的是基于事实的含义、关系和结论。思维型的人比较注重依据客观事实的分析，一视同仁地贯彻规章制度，不太习惯根

据人情因素变通。情感型的人常从自我的价值观念出发，变通地贯彻规章制度，比较关注决策可能给他人带来的情绪体验，人情味较浓。判断型的人目的性较强，一板一眼，喜欢有计划、有条理的世界和生活。认知型的人适应性强，关注新信息，喜欢变化，会考虑可变因素，喜欢随意、自在的生活。判断型的人较为果断，而认知型的人总希望获得更多信息后再决断。MBTI 能够检测出个体在每个维度上的偏好，取每个维度上偏好类型的代表字母，即可由四个字母构成你的性格类型，共组合成 16 种性格类型，你必然属于其中的一种。这 16 种性格类型如表 2-2 所示。

表 2-2　16 种性格类型

ISTJ	ISFJ	INFJ	INTJ
ISTP	ISFP	INFP	INTP
ESTP	ESFP	ENFP	ENTP
ESTJ	ESFJ	ENFJ	ENTJ

在得知自己的性格类型代码之后，便可以对自己的职业性格有一个系统、全面、客观的了解，MBTI 性格类型测评报告对每一种性格类型的人的性格特点进行了总结概括，并分析了该类型的人在工作中的优劣势，对个性的发展及职业发展提出了针对性的建议。此外，MBTI 性格类型测评报告还列举了不同类型的人所适合的不同的职业，对个人的领导能力和问题解决能力进行了评估。需要提醒的是，MBTI 的测试和报告解读等各个环节均有一定的难度，没有经过专门培训的施测者不可以随意测试，测评结果也需要专业人士进行解读。

2.7　职业兴趣如何影响退役军人的职业选择

在讨论职业兴趣这个概念之前，首先要明确什么是兴趣？

兴趣即个人对某种事物或某种活动的一种选择态度的心理倾向，通常用"我喜欢什么"来描述一个人的兴趣。如果一个人喜欢唱歌，那么这个人常常会沉浸在唱歌的氛围中；如果一个人喜欢计算机，那么计算机操作对这个人而言可能会易如反掌；比如好多退役军人喜欢开车，他们和朋友谈起驾驶来，可能会眉飞色

舞。这些都是有关于兴趣的表述。

职业兴趣是兴趣在职业方面的表现，是指人们对某种职业活动具有的比较稳定而持久的心理倾向，使人们对某种职业给予优先注意，并向往之。

职业兴趣是个人进行职业规划时需要注意的15大要素之一，兴趣对一个人的个性形成和发展，以及对一个人的生活和活动有巨大的作用。

 案例

小李退伍后回到家乡再就业。小李性格外向，比较喜欢跟人打交道，身边的朋友推荐小李做销售工作，既赚钱，又能满足他的兴趣。于是小李在一家公司做销售，但是销售的业绩并不太好，小李认为长久下去也不是办法。在部队中，小李因为出色的口才和良好的个人形象，经常从事部队各种联欢活动的主持工作。小李辞职销售工作去寻找婚礼主持和司仪的工作。但是这条道路并不是太好走，如果只做司仪，收入不固定，要想收入稳定还需要承接婚庆的其他工作，最主要的是寻找业务。现在他觉得自己似乎对主持的热情降低了不少。这两年来，小李总是处于个摇摆不定的状态，不知道要往哪个职业方向发展，还因此被折磨得郁郁寡欢。

造成小李苦恼的根本原因，是把兴趣与职业兴趣混淆了。小李对做主持非常感兴趣但这仅仅是一种个人的爱好，一个人喜欢什么，但不一定就能去从事这方面的职业，因为由兴趣向职业兴趣的转换，还需要具备诸多因素，如果想在主持这条职业道路上前行，一定要基于更专业的职位和平台，让他取得更高的职业成就的一定是自身的专业能力。

兴趣与职业兴趣的另一个区别在于，兴趣只是单纯自己喜欢的事情，做这些事情会让自己快乐，而职业兴趣是在职场中让兴趣为你创造价值。通过职业兴趣所创造的价值可能是物质上的，比如你喜欢摄影，将摄影变成了你的副业，通过拍照获得报酬也可能是一种认可感；又如，公司外出团建、接待或者重要会议时，你为这些场合拍照，得到了领导和同事的认可。物质或精神上的认可都能让自己更坚定并且坚持不断去做这些事情，保持你的兴趣，最终它会成为你的职业或者事业。

兴趣是最好的老师，做自己喜欢做的事情时会让你充满热情和斗志，但是兴趣要变成职业兴趣需要经过不断地练习以增强这方面的能力，找到兑现价值的机会。正面认同能够引导你，将兴趣变成职业兴趣，变成职业，变成事业。职业兴趣来源于兴趣，是兴趣是升华，可以用一个公式来表示：职业兴趣=兴趣+能力+责任+其他（性格、机会等）。

2.8　退役军人通过什么途径了解职业兴趣

约翰·霍兰德（John Holland）是美国著名的职业指导专家。他于 1959 年提出了具有广泛社会影响的职业兴趣理论，认为人的人格类型、兴趣与职业密切相关，兴趣是人们活动的巨大动力。职业兴趣可以提高人们的积极性，促使人们积极地、愉快地从事某种职业，并且职业兴趣与人格之间存在很高的相关性。霍兰德认为人格可分为实际型（realistic）、研究型（investigative）、艺术型（artistic）、社会型（social）、企业型（enterprising）和传统型（conventional）等六种类型。

1. 实际型

典型特点：愿意使用手或者工具制造、维修东西，对于需要技术、体力的活动表现出浓厚的兴趣，动手能力强，更关注现在，做事手脚灵活，动作协调；偏好于要求明确的具体任务，不善言辞，做事谦虚、保守；重视物质；缺乏社交能力，通常喜欢独立做事。

情绪稳定、忍耐力强、谦逊。踏实稳重、诚实可靠。

职业建议：使用工具、机器，需要操作技能的工作。要求具备机械方面的才能、体力，或从事与物件、机器、工具、运动器材、植物、动物相关的职业。例如，计算机硬件人员、机械装配工、木匠、厨师、技工、修理工等。

2. 研究型

典型特点：喜欢运用符号、概念、文字等进行分析、推理和表达，抽象思维能力强，求知欲强，善于思考，不愿动手；个性独立，比较内向，善于从事富有创造性的工作；头脑聪明，知识渊博，不善于领导他人。思考问题重理性，做事喜欢精确，喜欢逻辑分析和推理，不断探讨未知的领域。

坚持性强，有韧性，喜欢钻研；好奇心强，独立性强。

职业建议：喜欢智力的、抽象的、分析的、独立的定向任务，要求具备一定的智力或分析才能，并将其用于观察、估测、衡量，形成理论，最终解决问题的工作。例如，科学研究人员、大学教授、计算机程序设计人员。

3. 艺术型

典型特点：有创造力，乐于创造新颖、与众不同的成果，渴望表现自己的个性，实现自身的价值。做事理想化，追求完美，不重实际，不喜欢被约束；具有一定的艺术才能和个性；善于表达，怀旧心态较为复杂，对美的事物有敏锐的直觉。喜欢借助文字、行为、声音、颜色或者色彩表达内心的想法和感受。

冲动、敏感，容易情绪化。

职业建议：喜欢自由自在，追求创意和创造性的工作环境，不善于事务性工作，如艺术、文学工作，但通常不是指从事艺术工作，而是指工作中倾向于将事情做得漂亮、有情调、锦上添花、追求完美。如导演、音乐家、舞蹈家、作家、演员等。

4. 社会型

典型特点：喜欢与人交往、不断结交新的朋友，他们个性温和、友善，乐于助人，做事情慷慨仁慈，喜欢倾听和关心别人，能敏锐感受到别人的想法和情绪变化，愿意开导别人。关心社会问题，有强烈的责任感，渴望发挥自己的社会作用。比较看重社会义务和社会道德。对机械和物理方面的技能不感兴趣。

为人友好、热情、善解人意、乐于助人。

职业建议：喜欢与人打交道的工作，能够不断结交新的朋友，从事提供信息、启迪、帮助、培训、开发或治疗等工作。例如，教育工作者（教师、教育行政人员）.社会工作者（咨询、公关人员）、心理咨询师等。

5. 企业型

典型特点：追求权力和物质财富，具有领导才能。追寻领导力与社会影响。喜欢竞争、敢冒风险、有野心、有抱负。言语说服能力强，喜欢领导和支配别人，有意吸引他人注意，为人务实，做事有较强的目的性。

精力充沛、独断乐观，自信，好交际，机敏。

职业建议：喜欢具有经营、管理、劝服、监督和领导职能，以实现机构、政治、社会及经济目标的工作。例如，项目经理、销售，营销管理、政府官员、企业领导、法官、律师。

6. 传统型

典型特点：尊重权威和规章制度，喜欢按计划办事，细心、有条理，习惯接受别人的指挥和指导，希望确切地知道要求和标准，缺乏创造性，不喜欢冒险和竞争，富有自我牺牲精神。有责任心、依赖性强、效率高、踏实稳重、细致、有耐心。

职业建议：喜欢注意细节、精确度，有系统、有条理，具有记录、归档，根据特定要求或程序组织数据和文字信息工作。例如，秘书、办公人员、记事员、会计、行政助理、图书管理员、出纳员、打字员、投资分析员等。

基于霍兰德兴趣理论形成的霍兰德职业兴趣测评围绕兴趣、能力、价值观等多个维度评估测试者的职业选择倾向。退役军人可以在测评专家的指导下，借助测评工具，清晰、直观地了解自己的兴趣类型，了解自己喜欢从事的职业类型，选择适合的职业环境。

退役军人可以在咨询师的指导下借助霍兰德职业兴趣测评表来测评，从而直观了解自己的兴趣类型，认识到自己喜欢从事的职业类型以及适合的职业环境。

2.9　退役军人如何确定自己的职业追求

职业追求其实就是职业价值观，这个价值观不是对事情对错的看法，而是一个人对职业的认识和态度及其对职业目标的追求和向往，是坚持做一个工作、一个事业的动力与追求，所以无关对错。退役军人原来在部队，一切以服从命令、执行任务为天职，走出部队的大门，开始全新的生活，明确未来的方向的前提就是明确自己的职业价值观，即职业追求。

在这个问题上很多人都会很迷茫，价值观是因人而异的。由于每个人的先天条件和后天所处环境不同，人生经历也不尽相同，每个人的价值观的形成会受到不同因素的影响，因此每个人都有自己的价值观和价值观体系。在同样的客观条件下，具有不同价值观和价值观体系的人，其动机模式不同，产生的行为也不同。价值观是相对稳定的。价值观是人们思想认识的深层基础，指引人们的世界观和人生观的形成。它是随着人们认知能力的发展，在环境、教育的影响下，逐步培养而成的。人们的价值观一旦形成，便是相对稳定的，具有持久性。价值观在特定的环境下又是可以改变的。由于环境的改变、经验的积累、知识的增长，人们的价值观有可能发生变化。

美国心理学家洛特克在其所著《人类价值观的本质》一书中，提出 13 种价值观：成就感、审美追求、挑战、健康、收入与财富、独立性、爱、家庭与人际关系、道德感、欢乐、权利、安全感、自我成长和社会交往。我国学者阚雅玲将职业价值观分为以下 12 类。

（1）收入与财富。工作能够明显有效地改变自己的财务状况，将薪酬作为选择工作的重要依据。工作的目的或动力主要来源于对收入和财富的追求，并以此改善生活质量，显示自己的身份和地位。

（2）兴趣特长。以自己的兴趣特长作为选择职业最重要的因素，能够扬长避短、趋利避害、择我所爱、爱我所选，可以从工作中得到乐趣、得到成就感。在很多时候，人们会拒绝做自己不喜欢、不擅长的工作。

（3）权力地位。有较高的权力欲望，希望能够影响或控制他人，使他人照着自己的意思去行动；认为有较高的权力地位会受到他人尊重，从中可以得到较强的成就感和满足感。

（4）自由独立。在工作中能有弹性，不想受太多的约束，可以充分掌握自己的时间和行动，自由度高，不想与太多人发生工作关系，既不想制人也不想受制于人。

（5）自我成长。工作能够给予培训和锻炼的机会，使自己的经验与阅历能够在一定的时间内得以丰富和提高。

（6）自我实现。工作能够提供平台和机会，使自己的专业和能力得以全面运用和施展，实现自身价值。

（7）人际关系。将工作单位的人际关系看得非常重要，渴望能够在一个和谐、友好甚至被关爱的环境工作。

（8）身心健康。工作能够免于危险、过度劳累，免于焦虑、紧张和恐惧，使自己的身心健康不受影响。

（9）环境舒适。工作环境舒适宜人。

（10）工作稳定。工作相对稳定，不必担心经常出现裁员和辞退现象，免于经常奔波找工作。

（11）社会需要。能够根据组织和社会的需要响应某一号召，为集体和社会做出贡献。

（12）追求新意。希望工作的内容经常变换，使工作和生活显得丰富多彩，不单调枯燥。

请按照这样的步骤进行梳理：

① 找一张白纸；

② 在 12 个价值观中选择你最想要的 5 个价值观；

③ 从你选择的价值观中选择 3 个你认为重要的价值观；

④ 根据你心目中的重要程度对 3 个价值观进行排序，分别是非常重要、重要、一般。

按照这样的方式进行梳理，大家就对自己的职业追求有了清晰的概念。

2.10 如果身边没有合适的测评方式，退役军人通过什么方式完成自我探索呢

很多退役军人回到家乡后很难找到专业的职业规划师、专业的职业培训机构帮助他解读测评报告，所以在做自我探索的时候会显得十分艰难。基于多年的咨询经验，以下给大家提供一个简便的方法，帮助大家进行自我探索。

首先，开始自我洞察！

自我洞察可以从三个问题着手：

第一个问题：你做过哪些有成就感的事情？

可以回忆从你记事开始你认为有成就感的事情。"成就感"这个词可能不好定义，你可以想想有哪些事情会比别人做得又快又好。

第二个问题：你对哪些事情充满期待，并且愿意花时间去做？（这方面评估的是你的兴趣。你感兴趣的事情有哪些？）

接到某些任务时跃跃欲试，心理已经开始抑制不住，有各种想法冒出来。在做事情的时候，感觉时间会过得特别快，甚至事情完成之后还忍不住想，下一次要怎样去做会更好。

第三个问题：你认为如果自己努力的话，将更擅长做哪些事情？（这方面评估的是你的能力。你擅长做的事情、能做好的事情有哪些？）

你看到别人做的事情，你也希望自己能够做到，然后看看如果在这些事情上投入学习与时间，你是否也可以做成。

在回答这些问题的时候就是自我洞察的过程。自我洞察有一定局限性，原因在于每个人都有自己的盲区，很多人对自己的主观认知缺乏自信，总觉得有偏差。

这个时候，你就需要去借助一下身边人的力量。

寻找你身边2~3位熟悉的朋友帮助你梳理自己的情况。

第一步，找到合适的人。

我们需要去寻找那些对你比较了解，而且见多识广，喜欢关注人成长的朋友，这些人不仅仅只是局限在同学，朋友当中，你可以寻找比你年长的人。不要去找哪些习惯有问题，即便你观察能力很强，但从问题入手不适合挖掘优势。

第二步，使用下面的问题清单：

（1）在以往的工作或学习中，你觉得哪些事情做得比较好？为什么？

（2）如果我在你的团队里工作，你会喜欢把哪一类的任务交给我去做？

（3）如果我和同龄的小伙伴相比，你觉得我在哪些方面表现突出？

以上的三个问题可以去追问细节，多问对方几个为什么，这样能帮助你收集到更有利信息。

经过这三个方面的梳理，基本上，兴趣与能力重叠的地方就是你的兴趣与能力的具体体现了。找到自己的兴趣和能力后，寻找能够扬长避短的平台，通过具体的工作事件来训练自己，得到肯定后，你会更坚定去训练你这方面的能力。这样循环往复，你就进入了一个职业成长的良性循环过程。

找到自己的优势是一个长久的过程，一定要给自己设限。不断练习，不断成长，成长成为自己想要成为的样子。

第 3 章

职业测评

3.1　退役军人的就业优势有哪些

有过军旅经历的战士们身上印刻了许多比普通人更加优秀的特质，造就了他们更加卓越的性格、品德。

1. 退役军人具有强健的体魄和良好的行为习惯

军旅生涯使退役军人练就一副好身板，他们身体健壮，精神饱满。这对于应对商场如战场的工作环境十分重要。同时，部队生活使军人养成了良好的行为习惯。他们遵纪守法，有着较普通人更为强烈的组织纪律意识。管理专家对许多退役转业军人发展轨迹的调查研究显示：遵纪守法，律己奉公是退役军人后来成功道路上必备素质之一。此外，他们乐于奉献、不畏艰苦，服务意识强，这些优良的品格使他们做人做事不计得失，不怕困难，时时刻刻以大局为重。他们善于团结，具有极强的团队精神。退役军人较强的团队精神和热爱集体、善于团结的宝贵品质就像强力的"黏合剂"，将我的集体、我们的单位紧密地联系在一起，让大家精诚合作、同舟共济。"全文涛现在是我们村的村委委员，很年轻，村里的重活、累活都是他干的"，叶县田庄乡尤潦村村委会党支部书记这样说。全文涛今年 35 岁，从部队转业后，一直保持着在部队生活中养成的优良作风。他敢想敢做、不怕吃苦，依靠自己勤劳的双手脱贫致富的同时，也带动了周边村民一起增收。转业后的全文涛回到家乡，先在县林业局林场做司机，后来开过面包房，到工厂打过工，还在驾校做过教练。2014 年，全文涛回到村里，办起了小型木材加工厂，从事原材料的粗加工。他说："咱年轻有力气，只要不怕吃苦，啥事儿都能做成。"刚开始办厂时，缺乏资金，雇不起工人，全文涛就自己搬木材、抬机器、当司机，有时候一天干十几个小时，从不喊苦喊累。厂子走上了正轨后，全文涛又投资 20余万元扩大了规模。他的这个木材加工厂不仅让全文涛脱了贫，致了富，同时也为周边村庄的 20 多位村民提供了就业机会，帮助他们增加了经济收入。全文涛当初放弃在外地发展而选择回乡是因为放心不下父母，为了方便照顾家人，全文涛选择了返乡创业。如今，全文涛已有两个孩子，一家人相亲相爱、其乐融融。退役不褪色，转业不转志。军旅生涯练就了全文涛吃苦耐劳，坚韧不拔的毅力。退役后，他用顽强拼搏的精神，为社会、为家乡贡献着自己的力量。由于热心村里各项事务，在今年村"两委"换届工作中，他被推选为村委委员。"我文化程度不高，但我知道，想过上美好生活，就要不等不靠，用自己的双手换取美好生活。"全文涛用他的行动，展示着新时代退役军人的风采。

2. 退役军人意志坚韧，思维缜密，善于管理

退役军人具有顽强拼搏的意志品质。从事任何事业，要想取得成功，都要吃苦耐劳、不畏困难，具备顽强拼搏的意志品质。军人职业的特殊性决定军人必须经受各种艰难困苦的磨炼，要有百折不挠的意志和顽强进取的精神。退役军人在自主择业或者创业的过程中，想要获得成功的一个关键因素就是依靠在军旅生活中形成的吃苦耐劳、坚韧顽强的意志品质。此外，谋略思维也是军人必备的基本素质。军队生活让军人练就了缜密的思维，具备了较强的组织策划能力。这也是退役军人在将来的工作中必须具备的能力素质。部队是一个严密的组织、严格的管理使退役军人具备了不错的管理水平和实践经验，具有较强的组织管理能力。一些退役军人把部队的管理经验运用到工作岗位的管理中并取得了不错的效果。他们雷厉风行，具有果敢的工作作风。这些优秀品质也可以帮助退役军人在将来的工作中精准把握工作商机，赢得成功。今年37岁的张德东，退役后决定利用在部队所学的技术，回家乡创业。他的公司主要生产高速公路所需的路面材料。张德东认为，经商和带兵打仗在许多方面是相通的，只要选准"进攻"方向，不怕吃苦，就一定能够取得胜利。从创业至今，张德东时常穿上工作服，进车间干活，有时还干到深夜。张德东深知，要使自己的企业在激烈的市场竞争中立于不败之地，产品的质量是关键。他对产品的每一道工序都亲自把关，对于不合格的产品要求必须重新返工。由于技术质量过硬，产品投入市场后，很受交通部门的欢迎，应用于省内的多条高速公路。一分耕耘，一分收获。张德东的公司年产值 6 000 万元，年纳税 60 多万元，成为当地小有名气的企业。

3. 退役军人注重学习创新，具有较强的学习能力

很多转业退役的军人在部队中曾系统地学习了军事、政治和经济等方面的基本的理论知识，储备了许多军地两用知识，这为退役军人适应地方新的工作岗位创造了必要条件。调查显示，90%以上自主择业退役军人都有文化、有技术、会指挥、能筹划、懂管理，这充分证明他们具有参与市场竞争，服务新岗位的基本条件。李忠杰就是这样一位退役军人。多年前，因为家庭原因提前退役的李忠杰，返乡创业。创业的路途并不是那么的一帆风顺的，从包鱼塘养鱼，到养蛇，再到种植食用菌。走进他的生产大棚，地上整齐地排放着菌棒，白花花的一片，这些是平菇。平菇需要生长在 20～30 ℃的环境里，他每天都会到大棚转转看看，给菌棒浇浇水，精心测量棚内温度、湿度等，像照顾自己的孩子一样照顾着这些蘑菇。同时，李忠杰不断地学习新知识，利用电商平台学习互联网线上销售知识。通过一亩田、天虎云商、有赞、微店、淘宝等平台，实现自己的电商创业梦。现在他已经将自家的食用菌卖到了全国各地，完全不用再为销路发愁。李忠杰说："其实做食用菌土特产的网店有很多，想要留住客户，就要有好口碑或者其他独特的地方。为了打出自己的品牌，首先要在自己的货源上下功夫，保证销售的食用菌一定是最好的食用菌，坚决不打水和农药，用香椿做原料，打造专属特色菌业。"李忠杰带领村里的许多贫困户一起学习培育食用菌技术，解决了他们的就业难题，与乡亲们一起抱团发展，走线下生产、线上销售，通过互联网撑起了自己事业的一片天！

4. 退役军人忠于职守，具有可贵的敬业精神

专注本职、爱岗敬业，是每一名合格军人的基本素质，也是每一名合格退役军人的必备素质，更是他们日后走向新的工作岗位的重要素质。退役军人只有依靠在部队生活中养成的良好素质和坚定的思想政治基础，用对国家、对人民忠实的信念，刻苦努力，不懈奋斗才能最终实现自我价值。有这样一位林业高级技师，从部队转业后被分配到当地的林业勘测设计队，从事林业规划设计工作至今。自参加工作以来，他奋发进取，无论身处于多么艰苦的条件下，做多么辛苦的调查规划设计工作，他都一心扑在工作上，兢兢业业、踏踏实实，各项工作想在前、干在前，充分起到了模范带头作用。突出的工作业绩、务实的工作作风也得到了领导和同事们的充分肯定。起初，由于他本身知识底子薄，从事林业规划设计工作时，他就勤学好问，刻苦钻研，其业务知识得到很大提高，他现在已经能够独立地完成队内领导交付的所有业务工作。由于善于学习，他多次被选派进行对外交流学习，在交流学习中不断提高自己的业务水平。工作中，不论春夏秋冬，酷暑严寒，他从不耽误工作，下乡考察常常是一去几十天。他跑遍了全市各个乡镇、村社，无论什么工作，他都实地察看，实事求是地做好记录，掌握好第一手资料。在林业生产第一线，在酷热难耐、沙尘漫天的沙漠中他一干就是几个月，在压沙整地、栽植苗木、抚育管理等整个造林期间始终坚守在工作岗位上，家中老人生病、小孩高考他都没能陪伴左右，直到工程完工后才回家，在从事林业勘测设计工作的十几年间，数不清有多少个节假日、公休日，他是在工作中度过的。他这种忘我工作的态度、甘于奉献的精神深深感动了当地的群众以及单位的领导和同事们。

作为合格的军人，这些独特的优质品质是必备的：富有责任感、吃苦耐劳、勇敢果断、坚强乐观、善于合作、乐于学习，即使退役了，这些品质也伴随着他们，成为他们日后道路上的一把利剑。

3.2 退役军人就业的不利因素有哪些

经过岁月的打磨,沉淀在退役军人身上的优势对于他们就业的作用不可忽略。与此同时，我们也要看到他们在就业方面的劣势。多数普通退役军人欠缺显著特长、文化素质又偏低，这给走出军营，步入社会重新就业的他们带来了不小的困难，使得他们工作可供选择的余地小之又小，为了维持生计，多数退役军人也只能选择做保安、做司机等简单工作，甚至有部分退役军人处于无业状态，甚为堪忧。当前退役军人就业难的主要原因有如下几点。

1. 政策法规欠缺

一直以来，虽然我国对退役军人的社会保障政策在逐步改进，但到目前为止依然没有形成一套比较完善的退役军人社会保障法律法规制度，现有的相关政策制度缺乏系统性和总体宏观性，对军人社会保障项目设置也没有随着社会的发展进行必要的补充，部分法律法规陈旧，更新缓慢。例如《军人抚恤优待条例》部分条款已不能适应市场经济的新形势，抚恤金的增长比例及优抚对象的医疗、住房等相关政策都需要修订和完善。国家针对性政策较少，落实不到位。受诸多政策的影响，很多退役军人就业的问题不能得到快速的解决处理。随着退役军人就业问题逐渐受到领导层的重视，相关部门出台了一系列政策保障退役军人就业，但是有针对性的政策依然很少，帮助力度不够，有些地方落实也存在一定的差异性，导致退役军人就业、创业重重。

2. 宏观就业市场低迷

（1）政府安置资源减少。

由于退役军人学历层次普遍偏低、知识技能欠缺，使得他们很难适应社会岗位，因此很多退役军人害怕参与社会竞争，更多地依赖国家安置。但就目前退役军人的就业形势来看，不管是政府机构还是事业单位、国有企业，因为激烈的市场竞争，它们在人员安置上的"可操作性"都变得越来越小。政府可以动用的行政性安置资源越来越少。调查数据显示，受退役军人追捧的全国国有企业提供的岗位数量已由 10.23 万个锐减到 4 万个左右，国有企业职工人数也由原来的 8 000 多万减少到 4 000 多万。企业用人更加注重人员的职业技能水平，而就业市场的人员不断增加，但岗位名额却有限，企业的可选择空间加大，这使得企业对退役军人的接纳意愿普遍较低。在如此严峻的就业形势下想要安置退役军人，确实是难上加难。

（2）创业渠道单一。

自主创业对于退役军人来说是个不错的选择，他们年龄不大，身体素质好，部队造就了他们不怕苦不怕难的处事精神，同时他们也具有一定的经济基础，种种条件显示，他们适合创业。但遗憾的是目前社会上可供他们选择的创业渠道受到多种因素的影响，如专业技能素养、沟通交际能力、文化基础等限制，导致退役军人最终可选择的创业形式很少。同时，政府对退役军人的创业扶持政策欠缺，退役军人所需技能培训不足，导致很多技术行业（如数控、电焊、机床）自动屏蔽了他们，这就使本来就很窄的就业和创业渠道变得更加单一。

3. 企业用人观念方面的原因

众所周知，在目前市场经济体制下，各类企业都面临巨大的竞争压力，需要什么样的劳动力和人才，由市场需要决定。为了生存，各企业对用人的要求要越来越苛刻，好的企业将学历作为门槛、求职者的工作经验作为重要考虑因素，对求职者综合素质要求也越来越高。而多数退役军人学历并不高，他们在部队中也未习得企业所需的职业技能，而企业并不愿意花时间、精力去培养他们，很多企业会根据市场状况随时调整劳动力数量及结构，针对职位直接招收有经验的人员。对于退役军人，多数企业认为他们并不具备从事岗位所需的技能，如今最适合年轻退役军人的工作就是保安，但市场已经接近饱和，竞争十分激烈，所以对于企业来说几乎没有适合退役军人的工作岗位。

4. 退役军人自身方面的原因

（1）学历低，职业技能欠缺。

近几年，年轻的退役军人越来越多，他们中大多数都参军较早，仅有高中文凭，接受的文化教育有限。同时，他们在部队中也未能得到较专业的技能培训，造成这部分人员知识结构单一。他们服役期间获得了大量的军政知识，但是在完成现代社会岗位服务所需要的法律、外语、网络、经济管理等基础知识的方面却远远不足，更不用说某项技术才能，即使一些貌似与民用接轨的军事岗位的，例如紧急医疗员或者卡车司机，也并不意味着可以不用重新培训学习就可以直接从事类似的社会岗位，驾驶员退役后也需通过相关的驾驶考核，才能上岗开车。因此，退役进入社会的人员是需要"充电"才可以上岗的。

（2）与社会脱节，经验缺乏。

在经济形势高速发展的今天,对于天天混迹于社会的我们来说都要天天学习,丝毫不敢怠慢,生怕会落后,更不用说对于经历过几年部队生活的退役军人了。长时间的军旅生活使得他们严重脱离社会，毫无疑问，这让退役军人缺乏了在职场上竞争的优势，即使他们具备训练有素、身体强健等优秀品质。很多企业的人事主管认为，对于退役的军人而言，从军几年就意味着几年没有积累所应聘岗位的从业经验，年龄越大，经验越匮乏。另外，一些聘用过退役军人的企业抱怨，退役军人固有的部队思维使得他们较难融入多样的企业文化。与普通人员相比，退役军人更难找到称心如意的工作原因有很多，但长时间地脱离社会，缺乏社会工作经验让退役军人在职场上更加没有竞争优势，纪律意识、身体素质这些在部队习得的优势并未能很好地转变为他们的职场优势。在部队中获得的各项荣誉也未必会为他们的职场生涯增光添彩。退役军人在融入社会的过程中暴露出来很多问题，如简历不会写、不懂职场规则、参加面试时不会精准地推销自己、面试技巧和表达能力不过关，等等。此外，用人单位的人事主管也未必能做到：理解他们曾经在部队工作的意义，从而在情怀上接纳他们。这些让他们在走向社会时变得更加胆怯，甚至灰心。

此外，有许多退役军人想要的已不简单的只是一份工作，他们需要以一种新的心态、节奏开启另外一种生活模式。从严谨的生活方式到变化多端的社会生活会让他们感到很不适应，从完成军事任务向完成职场任务的转变更是让他们感到手足无措。这种转变中间跨度太大、往往会造成他们心里落差太大，大部分退役军人起初会把职场当作军营，用部队行为来对待处理社会工作和人际关系，如果这种心理的二次转变不及时，生活方式脱节、心理脱节，精力的流失会让他们在二次就业中更加迷茫。

（3）实际岗位与预期落差难以接受，自卑感强。

部队生活和现实工作反差很大，很多退役人员依旧青睐于政府、事业单位、国有企业等（图 3-1 退役军人就业意向），而这些机构能够提供的岗位数量越来越少。部队生活使得很多退役军人有了一定的优越感，觉得军人的社会地位较高，即便是在退役之后也是如此。然而，退役之后在二次就业的过程中他们才发现，由于种种原因，社会可以提供的工作岗位与他们的心理预期差距较大。现实是目前很多退役军人去做保安、跑销售，十分辛苦，收入也远远达不到他们心中的预期，这使得相当一部分退役军人难以适应。期望高薪酬、不适应基础工作、不了解就业环境等问题暴露无遗。长时间的军旅生活让退役军人无法快速融入社会，

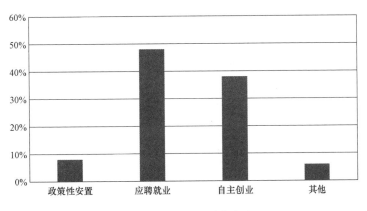

图 3-1 退役军人就业意向

同时就业心理屡屡受挫，或对所提供的工作与理想不符，从而退役军人产生了强烈的自卑感。因此，退役军人急需转变就业观念。从等待安置到自我挑战，不能因为找不到和部队工资待遇相似的工作岗位而难以平衡，没有理想的工作就放弃工作。不愿意到企业和非国有经济单位，这些陈旧的就业观念在一定的程度上将直接影响他们顺利就业和创业。

（4）角色转换难，工作方式跟不上节奏。

退役军人在二次就业的过程中很难快速转变角色，他们中很多人常常不清楚社会企业雇主到底想要什么。有的企业人事主管甚至将退役军人视为"外来物种"。很多退役军人表示，他们对从部队到社会的工作、生活转型觉得手足无措。调查显示，已走上工作岗位的退役军人群体中，绝大多数人也普遍觉得新的工作环境和工作内容较难适应，工作方式跟不上节奏，有些是因为部队和地方不同的运作方式，使得长时间与社会脱节的军人适应不了。在军队里他们只需要努力做好自己的本职工作，生活作息时间规律，战友的关系也比较单纯。而在社会职场中打拼就没有那么简单了，不但要努力做好本岗位工作，要处理好各类复杂的人际关系，更要不断地学习各类生活技巧，需要具备极强的主动工作、学习意识。退役军人在部队里面遵循的是要绝对服从原则，他们的性格被磨砺的刚毅直率，其行事作风刚直不阿，在社会上，这种"正派"也许并不能得到所有人的认可，甚至在某些情况下让人觉得"不近人情"。这对于长期遵循命令、生活简单的退役军人来说的确很难适应。我们必须承认任何行业都有一套自己的行业规则，准确了解和把握这些规则，对找到称心如意的工作无疑是很有帮助的。缺乏对行业规则的了解，会使退役军人的优秀品格 "魅力"大打折扣，也由此给他们的就业之路带来一些问题。退役军人要想在社会中获得好的发展，就必须要自强不息，快速学习充电，不断努力提高和加强自身素质，适应社会发展需要的条件，再创辉煌。退役军人作为市场经济中的个体，也需要根据市场和社会的价值需求，主动地迎接这一变化和挑战，学习新的职业技能，开辟属于自己的生存空间。想要拼出成绩，终究还要靠自己。

3.3 针对不利因素要做好哪些准备

每年有几十万的退役军人回到地方，他们多数将自主择业、创业，在初入社会的困难时期，针对各种不利因素，社会及个人主要需从两方面做准备。

1. 对宏观环境而言——优化提升

（1）优化军队现状，提升退役就业能力。

目前部队生活主要为军事化管理，各类军人接触的知识技能专业性极强，缺少与社会接轨的技能、课程的学习，针对即将退役的人群可以适当开设新课程。如举办专业培训班，兴趣班，让退役军人在离队前期就做好新岗位就业的准备，明确自己日后的就业方向，这既提高了退役军人后期的就业能力，也能丰富部队生活，也解决了这类人群的就业问题。

（2）提高政策优惠力度，增加创业就业渠道，加大培训力度。

国家应不断完善退役军人安置政策，出台有针对性的相关配套政策，针对退役军人就业暴露出的问题和遇到的困难加大政策扶持力度，搭建就业支持平台，提供就业技能培训，从根本出发，帮扶和促进退役军人就业、创业的需要。例如通过减免税费、小额贷款等优先优惠的政策导向，鼓励退役士兵灵活就业，充分发挥政府的宏观调控和主导作用，同时对其进行技能培训是提高退役军人就业能力的重要途径。因此，当地相关部门应多组织、多学习，创新培训模式，进行针对性培训。地方退役军人人事部门也要多关心，定期走访约谈，切实了解退役军人在二次就业过程中碰到的问题并提供帮助。工商、民政、人社多部门联动，开通退役军人就业创业绿色通道，帮助退役军人尽快找到适合的工作。如图3-2所示。

2. 对退役军人而言——自我蜕变

（1）转变思想，调整心理。

从一名优秀军人到地方社会人士，自卸下军衔，脱下军装的那一刻，就已经告别了军营，带走的是军人在部队这个大熔炉中练就的坚韧不拔、令行禁止的优良品质。退役军人来到地方开启他们崭新的职业篇章，就要融入社会的大环境、公司的小环境，按照地方的章程规则办事、做人，不管过去在部队有多么辉煌，

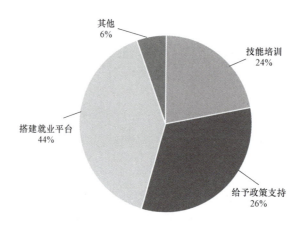

图 3-2　政府提供的帮助

都将封存为历史的记忆。一切从零开始，转变思想，调整心里的预期。如果放不下过去，纠结于未来，就不能真正融入社会这个大家庭。到地方就要按照地方的规矩办事，以地方的方式做事。把自己在部队沉淀的优势真正发挥出来，转变为现代企业发展所需要的能力，紧跟新时代、新形势，用强大的心理，健康的思想迎接未来的考验。

王明礼，1981 年应征入伍，1985 年 11 月退伍。1984 年，王明礼在一次战役中被炸断双腿，成为四级伤残军人。脱下心爱的军装后，他回到了家乡思南县，在县总工会工作。工作中他兢兢业业，每到一个村，他都与村干部一道，着力为村民办实事，带领群众调整产业结构，受到了党组织和当地群众的高度认可和一致好评。他用毅力感动了本不愿搬迁的杨春茂、鼓励并帮助战友吴家孝创业就业。他以"党支部+退役军人+企业+基地+农民"的模式，创建思南县退役军人创业就业示范基地、建成了思南县鼎盛生态农业开发有限公司，下辖思南县晨曦生态农业专业合作社、思南县森林种养家庭农场等企业，使得这些企业成为当地农村退役军人职业二次起航的大舞台。此外，王明礼还定期组织民兵及退役军人进行军事训练和政治业务学习活动，充分发挥民兵和退役军人在企业发展中的骨干示范作用。王明礼注重凝聚拥军情，他根据退役军人的意愿，尽力把企业所在村的退役军人安排到基地就业工作。仅 2014 年，基地就安置了 45 名退役军人（含退役军人家属）。基地带动了鹦鹉溪、张家寨镇 872 户 3 288 人致富，特别是让 336 户贫困户脱了贫，走上了致富路。2017 年底招聘 20 名退役军人到企业就业。对于未来，王明礼表示，将做大、做强退役军人创业就业基地，走茶旅一体化融合发展之路。到 2020 年，茶园规模发展到 2 万亩（1 亩≈666.7 m²），解决 5 000 人就业问题，争创国家扶贫龙头企业、成为贵州省退役军人带领农民脱贫致富奔小康的示范样板。

（2）提高学历，增强学习意识。

众所周知，现如今，对于任何企业而言，应聘者的学历已经成为其是否有资格参与竞争的条件，而很多退役军人进入部队早，学历层次低，尽管他们各方面很优秀，但是由于学历不高他们只能失去一个个好的就业机会，因此，继续深造学习是退役军人必须补上的重要一课。俗话说：隔行如隔山，商场如战场。军人脱下军装进入企业，就要适应企业的运作模式，融入企业文化，认真学习企业的产品知识、市场运营模式，不论是一线的生产销售，还是后面的管理经营都要虚心请教。战场上冲锋陷阵，如果不讲究战略战术，可能不会有继续战斗的机会。在企业中更是如此，工作人员靠的是灵活的思维，敏锐的洞察力，在人际关系中周旋，说服了供应商和客户，达成了交易，就取得了"战斗"的胜利。李志强于1981 年参军入伍，1983 年退役，退役后他成为一家航空发动机有限责任公司总装车间的一名装配工人，现任该公司发动机装配厂总装工段"李志强班"班长。李志强所在的总装工段，负责航空装备的装配任务。李志强在岗位上兢兢业业，相继攻克了航空装备装配六大关键技术，实现工艺创新 126 项，自行研制工装工具312 件，推动技术创新项目 32 项，申报发明专利 50 余项，开展技术攻关项目 106项，先后解决科研装配技术难题 52 项，首创并推广航空装备管路校正与安装的"李志强操作法"，提高装配效率 20%以上。李志强先后获得 2011 年辽宁省"五一劳动奖章"、2012 年辽宁省劳动模范、2014 年全国"五一劳动奖章"、2015 年全国劳动模范、2017 年"盛京金牌工匠""辽宁工匠"等荣誉称号。

（3）补充技能学习，增加竞争优势。

当今社会分工明确，调查表明，专业技术人才是每一个行业和企业都在竭力搜寻的，岗位多，合适的人才少，这给有一技之长的稀缺人才提供了更多的就业机会和更加丰厚的就业待遇。近几年来，专业技术人才的工资水平不断水涨船高，也就使得有一身技艺在身的人不管到哪里都能轻松找到一份收入可观的工作。这也就提醒了退役军人到地方后更加应该重视知识技能的储备，参加一些自己感兴趣的培训班，学习能力强的也可以购买书籍自行学习。退役军人应认真分析自己的优缺点、兴趣点，有针对性地学习充电，让自己快速在专业知识领域强大起来。例如，要从事办公自动化的文员工作，就要有相关的计算机方面知识和实际操作计算机的能力；要从事会计工作，就要掌握会计方面的专业知识和取得国家认可的会计资格等。此外，大家不要忘记学习一些就业辅助知识，即在具备某项专业技能或具备从事某项工作的技术和能力之外所需的施展发挥这些技术能力的知识。例如，具备了保安或保安队长的身体条件和相关技能，还必须掌握如何获得这一岗位的信息渠道和应聘技巧，即掌握如何求职这门学问。退役军人想要在职场上获得理想职业，二者缺一不可。周晓东，1987年入伍在某部队农场种植水稻，1990年退役后继续从事农作物育种工作，在海南省华光渔业科技有限公司任总农艺师。退役29年来，周晓东辗转辽宁、黑龙江、天津、海南、四川等地，潜心研究春小麦、水稻育种的跨纬度种植，收集整理3万多份水稻、小麦种质资源，建立全球首个私人种源库，解决了春小麦抗倒伏的世界难题，取得了再生稻、北稻南移等突破性的成果，获得国审品种两个，累计为国家增产粮食10亿kg。小麦育种被认定为农业公益事业，作为"个体科研户"的周晓东坚持30年把公益事业当成自己的事业，他选育的小麦良种得到了当地农民的自然推广，使农民受益、国家受益。他不忘初心，关心支持部队建设，在服务官兵、服务部队方面做出了突出贡献。

（4）学会自我营销，区分情感和工作。

如今的社会，是一个人与人交际颇为复杂的社会，在社会中生活不能像在部队中一样默默无闻，简单的执行。在社会中，在企业中，只有沟通表达能力强，善于表达自己的人才更容易得到上级和多数同事的认可和赞赏。在初入职场时，个人简历其实就是应聘者自己的名片，直接决定你能否取得参加面试的机会。而简历的制作又是大多数退役人员的弱项，多数情况下只是简单的罗列，没有排版，不注意措辞，甚至没有照片。殊不知简历的制作其实是有技巧的，它并不是把自己的情况简单的写在纸上。企业的人事主管可以从你的简历中看到你的性格、你做事的态度、你的逻辑严谨性以及你是否能够适合企业的文化和岗位的需求。正式的简历照片、突出重点的内容介绍、坦诚的自我评价、舒适的排版设计都关系到你是否有机会参加到面试中去，这正是进入社会自我营销的第一步，也是关键一步。此外，做生意的朋友经常说这样一句话：亲兄弟，明算账。这是告诫我们要把感情和事业分开，不可混淆。军人重情重义并非坏事，但切记不能把感情带到企业关系的处理中，在商场上一定要按照商业规则行事，遵纪守法，不钻情感的空子，也不给他人机会钻情感的空子。退役军人就业创业，多数是半路出家，年龄和经验都没有优势，都渴望快速成功，其实谁都清楚欲速则不达。应该放下身子，从小事做起，稳妥起步，积累才干、资金和实力，不断强大自己，向理想的目标前进。沈汝波（已故），1978 年入伍，1984 年退役，在部队时他就决定他这辈子要做十万件好事的目标。退役后，沈汝波就坚持要将每件事情都认认真真做好，他拾垃圾、清扫楼道、巡防小区、清理小广告、掏下水道等。他时刻遵循退役不褪军色，言行举止严格要求自己，全心全意为群众服务，即便最后他被确诊患了食道癌，仍然坚持做好事。2018年 6 月沈汝波离逝，他的一生一共画下 2 万多个正字，做了 11 万余件好事。

3.4　退役军人如何进行自我职业规划

退役军人离开部队，回归地方，开启自己二次职业规划，职业生涯由原来部队的组织安排到转业后自己规划奋斗。那么，退役军人的职业规划该如何做？职业规划图如图 3–3 所示。职业规划基本可划分为 2 个重要任务：职业再定位和知识技能提升。只有这两部分的内容能够顺利完成，那么退役军人职业的二次辉煌就会很快到来了！

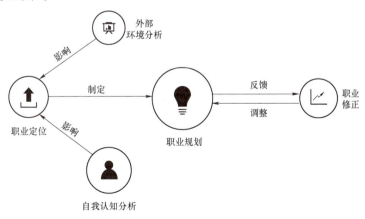

图 3–3　职业规划图

1. 职业再定位

（1）提前考量，确定二次就业方向。

有部分在部队的人员，已经规划好自己大概转业的时间，因此很早就开始考虑自己日后就业的事情，早早为未来的职业进行规划，并利用业余时间根据自己的实际情况进行有针对性的学习提升。这样一来，等到他们真正转业再就业的那一天就不会措手不及，离开部队后能够从容的寻找属于自己、适合自己的工作。在新的岗位上通过培训也能更加快速地适应，对自己新的职位熟悉、了解，并且工作时能够得心应手。

在职业定位时要注意到地方后一定要首选适合自己的、意愿强烈的工作，作为职业新起点，看其是否有发展前景。兴趣在很大程度上决定着日后能否胜任这个工作及该工作的发展周期。确定方向后就在各个时期不同的发展平台上脚踏实地，一个平台、一个平台地往上走，逐步走出自己的成功之路。每个人的职业选择主要根据个人的实际情况和不同的优势、劣势寻找自身职业的切入点，盲目择业，不潜心进行自我职业规划，选择了不适合自己的行业、岗位，只能导致职业错位，花费几年甚至数十年都无法步入职业正轨。如果起初选择的职业方向不对则难以取得二次职业生涯的辉煌。如果提前制定了职业规划，正确锁定了自己的职业目标和兴趣职位，就意味着在职业生涯中有一个良好的开端，可以避免转业后面对激烈的竞争产生迷茫、彷徨、瓶颈、恐惧等问题，导致赔上了时间成本，还未能收获精彩的职业生涯。

（2）制定第一个五年规划。

我们每个人不管在生活中还是在工作上都会不断为自己制定规划，三年、五年，在行进中不断调整，以便于我们更加接近我们为自己制定的目标让我们自己变得更好。同样，退役军人也要为自己的职业发展制定短期、中期、长期的五年规划。没有规划就没有目标，没有目标谈何发展，很多时候我们的职业发展频频受挫就是没有很好地做职业规划，凡事预则立，不预则废，好的规划是成功的开始。盲目地"撞大运"是不可取的。同是一个发展方向，但是各个职位不同，差别很大，所以要早日做好职业规划。做好第一个五年职业规划，锁定职业的起步点，是极其重要的。从职业生涯发展过程来看，需要经历5个时期：职业准备期、职业选择期、职业适应期、职业稳定期、职业结束期。职业生涯规划=知己+知彼+抉择。职业准备期快速地为自己充电，职业选择期精准地确定自己的职业，不迷茫，不走弯路，利用好宝贵的时间和青春书写精彩的职业华章。

2. 知识技能提升

每个即将步入职场的"职业人"都需要面对就业市场上"质"与"量"的双重竞争压力。因此，不断地寻求学习机会，利用一切可以利用的时间和资源为自己充电已经成为我们职业发展的必备武器，而退役军人本身与社会脱节，掌握的社会知识技能薄弱，对他们而言加强学习已经迫在眉睫。市场环境情况、行业发展趋势、沟通协调能力、计算机、外语等，有太多的新知识等待他们去探索，他们需要在短时间内快速武装自己的头脑，才能在激烈的竞争中取得一席之地。

（1）习得新技能，补充新知识。

从部队转入地方，面对新的环境，新的行业，新的岗位，之前在部队的所学毫无施展之地，面对改行的阵痛和苦涩，切实体验了"隔行如隔山"的真知灼见。"隔山放炮"，对老本行的积累全部清零，面对新的行业一切都需要从头再来，知识储备跟不上行业发展的步伐、难以达到企业要求，甚至表现出了基本行业常识的缺乏。不懂得怎么处理同事、领导的关系，应付晕头转向。所以，必须理智地对待自己的行业和工作，抓紧时间掌握行业知识，用新的知识武装自己，并且把自己的知识分门别类的存储起来。通过充电，硬件和软件都不断升级，只有这样才能从转行的痛苦中洒脱地走出来，才能在新的天地有所作为！陈堃源，2002 年入伍，2010 年退役，2014 年创立了兵哥送菜实业有限公司，公司中 80%的员工为退役军人或军人家属。他对公司实行全面军事化管理，打造了一支效率高、执行力强、退役不褪色的高素质兵哥团队。在公司运营过程中，陈堃源不断学习并于 2015 年自主研发了兵哥智慧供应平台管理系统，将公司成功转型为"互联网+平台管理"的电商企业。2016 年公司实现了"互联网+农产品"大流通，成为一家真正的"互联网+退役军人"的电商企业。此外，他还建立了江西最大的退役军人及军人家属创业孵化基地，为退役军人提供职业规划、专业技能培训和就业（创业）服务，为政府分担退役军人就业安置任务。目前已安置退役军人和军人亲属 200 多名，帮助 30 名退役军人创业。

（2）学习求职的知识。

转业对于军人来说都是一个新的跨度很大的变化，需要尽快适应，学习新的竞争意识和理念，学习如何在茫茫人海中选择职位，学习做简历的技巧和面试常识，都是需要重新开始完成的新任务。转业后给自己拟定未来的职业规划，按照自己的兴趣点，结合目前的就业市场进行学习。职业规划是一项重要且有一定难度的工作，调查显示，很多退役军人在进行职业规划时往往会进入一个误区——关系与信息的误区。很多退役军人在自主择业创业的过程中特别看重托关系、找门路，一味地等、靠，而不是主动地进行就业基础信息与关键信息的收集，认为他们的就业只有得到了老战友的帮助、支持才能得到保障。而现实情况是现在地方上的聘任，无论是岗位、名额，还是流程、方式等都已经越来越透明、越来越规范，"找关系"这条路只能使自己的就业之路越走越窄。其实，不一定"走捷径"才能有工作，通过自己的学习、观察，通过人才招聘市场、网络招聘信息等完全可以自己收集一些信息。一则可以了解所在地方的经济发展情况，就业市场的情况；二则可以通过信息的收集不断清晰自己的职业方向，以便更好地规划自己的职业目标方向，并找到适合自己的一些行业和岗位。在寻找信息的过程中，退役军人还可以了解地方的一些政治经济情况，为自己的求职之路添一份保险。

（3）学习管理知识、提高沟通能力。

退役军人除了要潜心学习专业技术知识外，更重要的一点是要逐步培养自己的管理、沟通与协作能力。大部分退役军人在部队中都是听从指挥，执行力极强，但是并不擅长指挥管理，而管理才能却是现如今社会生存的必备能力。因此，只有硬件、软件同时"充电"才能实现逐步提升自我的目标，才能逐步向中、高端人才方向迈进。随着经济和产业的快速发展，人才特别是中高层次的专业人才需求呈现出相应的快速发展趋势。那些具备管理、语言、技术以及沟通能力等综合素质的人才已经成为市场上的"抢手货"，他们的薪水也随之水涨船高，"薪情"看好、前景乐观。

（4）关注并获取有效信息。

在今天这个信息大爆炸的网络时代，信息作为一种资源时时刻刻改变着我们的生活，在激烈的竞争中，谁能更快速、更准确地掌握可靠、有效的信息，谁就

58

获得了更多竞争的筹码，就业信息也是如此。因此，退役军人应当及时、主动、多渠道地收集社会人才需求信息，并根据自身实际情况认真地筛选整理，果断做出正确的处理。就业信息的主要来源有：政府部门、各类人才交流中心、各类媒体等。信息收集渠道如图 3-4 所示。

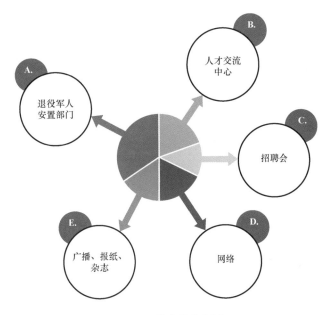

图 3-4　信息收集渠道

　　退役人员安置主管部门。各地的退役军人安置办公室是各地方政府专门负责退役军人就业工作的常设机构。它们服务于退役军人在日后长期的工作交往中，能为退役军人提供数量多、质量高的就业信息。此外，退役军人安置办公室与各级就业指导机构和用人单位有着密切联系，可以为退役军人提供就业指导，是退役军人获取就业信息的重要渠道。人才交流中心和人才市场、招聘会等为各类人才流动和求职人员提供求职平台，具有信息集中、信息量大、针对性强等特点，是退役军人获取和了解就业信息的最佳途径。广播、电视、网络、报纸、杂志等也提供了大量的招聘信息，退役军人可以从这些平台中快速获取大量信息，省时省力，但容易出现一些虚假诈骗信息，需择业人员认真核实，慎重考虑。

　　由于不同的信息来源，难免获取的诸多信息中出现一些虚假信息，如何去伪存真，去粗取精，如何筛选并有效利用自己需要的信息至关重要。因此，有针对性地进行筛选和分析以保证获取信息的准确性、全面性和有效性。区分信息时要把握以下两点。

① 对比分析，提炼重点。获取信息后，应首先区分出信息来源，将不同的信息按照获取渠道、重要程度进行分类整理，提炼出与择业人员兴趣爱好和专长相关的择业信息。分清主次，避免在不重要的信息上浪费时间，抓住信息的时效期，赢得信息应用的主动权。

② 深入剖析，找准目标。只有对获取的信息进行深入的了解和分析，才能更有针对性地运用信息，如公司情况、组织架构、联系信息、岗位工作内容、岗位要求、用人单位的发展愿景、福利待遇等。了解的信息越详细越能使退役军人在择业时更有信心，从自己的特长、技术能力、兴趣爱好、基本素质、性格特点入手，选择自己所适宜的工作。

3.5　退役军人如何在安置工作与自主择业之间进行选择

退役军人进行自己退役后的职业规划时总是多少会有些焦虑，不知道自己到底是应该选择安置工作还是应该自主择业。安置工作不需要自己花太多的心力且后期工作稳定，但稳定悠闲的同时在一定程度上会束缚退役军人一些优秀才能的发挥，发展空间较小。自主择业给退役军人的发挥空间比较大，风险与挑战并存，因此，如何进行选择需进行综合考量后确定，具体可从以下三个方面评估：一要了解市场就业环境和所在地方的安置政策；二要保证正确、健康的择业观念；三要正确认识自己，调试择业心理。

1. 了解市场就业环境和所在地方的安置政策

不论是选择安置工作还是自主择业，今后较长的一段时间内就业形势都会非常严峻，其原因有以下 4 方面。第一，随着相关政策的不断完善，党政机关改革和事业单位、国有企业改革一直在如火如荼地进行着，这意味着当前和今后一个时期，我国政府机关和企事业单位安置退役军人的比例和概率将不断减少，过去的国家机关、事业单位、国有企业安置的主渠道在逐步丧失。第二，由于我国毕业生人数不断增加，青壮年劳动力数量增长，劳动力市场饱和，供大于求的局面将存在于将来很长一段时间内。第三，从各地的就业形势看，目前因市场大环境并不十分景气，很多企业减员增效，导致很多人员待业，而每年退役军人的数量只增不减，进一步增大了供方市场，提高了竞争压力。第四，根据我国目前的经济发展大趋势，搞活大中型企业，放开小型企业，加大对中小企业发展扶持力度，使得全国各地涌现出了一大批中小企业，企业采用合同制、聘用制。而大多数退役军人的择业观念还停留在要有一个铁饭碗，长期稳定，这就造成了因择业观念陈旧与市场条件不符而形成的消极的就业冲突，这将会严重影响退役军人的就业竞争及他们的就业质量。企业改制、改革力度加大，吸纳就业人数下降，影响了退役军人安置工作。

综上所述，无论是在政府层面还是在企业层面，退役军人的重新就业面临巨大的压力。他们需要与每年新增的大中专毕业生、社会待业人员进行竞争。随着我国市场经济体制的建立和不断完善，企业已在生产、经营、资源配置等方面具备了高度的自由权。为适应市场发展需要，在激烈的市场竞争中保留发展的一席之地，企业用工和政府安置的问题已经日趋白热化，很多企业面对巨大的人力资源市场，选择拒绝退役军人，更是给他们的就业之路增添了许多屏障。不管最终选择政府安置还是自主择业，都需要做好一项基础性工作，即要积极主动地了解所要前往地方的有关情况，做到知己知彼。因部队相对于地方而言环境较封闭，工作性质也较单一，地方的行业、职业对很多退役军人来说都是比较陌生的。退役军人应多渠道掌握情况，多参加老兵聚会交流，多了解一些在地方上已经取得成绩的老战士的经历。只有将地方的情况弄清、弄准，才能做到有的放矢。

2. 保持正确、健康的择业观念

（1）接受现实。

现实就是客观实际，接受现实才能更好地面对现实，既要看到有利于自己的一面，也要看到不利于自己的一面。现实情况是我国目前的生产力状况无法为每一位退役军人提供满意的就业岗位，就业安置的比例在不断减少，与此同时，还存在就业市场不规范、就业竞争压力大等不利因素。退役军人应尽早正视这些事实，一切从实际出发，做到不抱怨、不幻想、不回避。同时，退役军人还应正确认识自己，正确评估自身专业能力、性格特质、身心素质等，将客观现实与主观愿望有机结合起来，确定恰当的职业目标。谢彬蓉，于 1993 年入伍，2013 年转业后选择自主择业。转业前系空军某试验训练基地高级工程师，技术七级，大校军衔，在内蒙古额济纳旗艰苦边远地区工作 20 年，现在是重庆市一所学校的一名支教教师。2014 年初，谢彬蓉从当地县团委管理的网站看到"苦荞花开支教团"的社会公益组织信息，了解到一些地区条件落后，教育资源匮乏，需要吃苦耐劳、有责任心的社会公益人士进行支教，于是谢彬蓉义无反顾地来到了海拔 3 000 多米的凉山地区义务支教。从此，她就开始在重庆和大山间穿梭，代课的时候，在山里一住就是好几个月。美好的信念让她持之以恒地把知识和快乐带给了大山里的孩子。

（2）不怕挫折、勇于挑战。

高度自由的市场就业环境和不断完善的退役军人安置制度为退役军人的就业择业提供了更多施展自身才华的平台，退役军人可以结合自身的优势、喜好、专业、专长以及职业规划尝试不同的挑战，在择业就业的过程中通过各类平台展示自己、磨炼自己。无论是安置还是自主择业、自主创业都要不怕挫折，敢于竞争，树立竞争意识，敢想、敢干，从实际出发，充分考虑到自己的专业、性格、气质、爱好等，扬长避短，发挥特长，勇于挑战，靠真才实学而不是靠纸上谈兵，在互学、互勉中共同进步。在求职择业的竞争中，失败在所难免。只有有了充分的思想准备，做好遭受挫折的思想准备，更好地调节心理对失败的认知，不逃避，不畏惧，才会在一次又一次的竞争中的脱颖而出。遭遇到挫折时，要认真分析失败的原因，善于总结，勤于改正，做到心中有数。有这样一名出色的退役军人，她叫宋玺，1994 年出生，2012 年就读北京大学。2015 年入伍后，宋玺在新兵考核中以优异的成绩成为一名侦查队员。2016 年底，宋玺作为唯一的 90 后巾帼陆战队员参加了中国海军第 25 批护航编队赴亚丁湾、索马里执行护航任务。2017 年 5 月至 7 月，她随护航编队执行顺访任务，参与了舰艇的开放日引导、对外文化交流、甲板招待会等活动。宋玺用她干练的作风、专业的艺术修养、流利的英语表达，完美地展现了我国海军风范。宋玺作为海军陆战队退役军人 2017 年退役后回到学校继续深造学业，她的经历在在青年人中起到了很好的正面引导作用。

（3）做长远打算。

目前，社会为退役军人提供了很多就业平台，不管退役军人作何打算，首先都要铭记——退役后的择业是自己乃至整个家庭的新起点！因此，择业时要综合考虑多方面的因素，自身因素、社会因素，选择发展前景广阔，自己热爱，能发挥自身优势、特长的工作，从一份工作开始把它变成一份事业。不能盲目择业，比如：看别人做销售提成高就去做销售，实则自身的条件并不适合销售类的工作，这样只能让自己越做越累，越做越没有信心。只有选择一份自己热爱的工作，然后全身心地投入进去，才能使自己成长、发展、充实，才能在工作中实现自己的价值，在工作中获得快乐。目前，很多退役军人仍然认为退役后一定要去机关、高校、国有企业，其实这并非一定是最佳选择。小企业、非国有企业更是人才匮乏，他们更能为就业人员提供好的发展平台和发展机会。同时，随着市场经济的不断发展，人事管理制度越来越完善，人才流动的机会也会越来越多，首次就业不顺畅并不代表第二次、第三次不成功，只要有信心，有目标，就会有机会获得好的发展平台。林上斗，1981年入伍，现在担任福建省尤溪县梅仙镇半山村党支部书记。2015年3月从原南京军区空军退休，退休后，林上斗婉拒了大企业送来的橄榄枝，毅然回到了家乡。他的家乡自然资源丰厚，但当时基础条件差，大家思想落后，他回乡后带领大家转变观念，建设基础设施，发展乡村旅游，建设美丽乡村。用了两年的时间，他带领全村共接待游客4.5万余人，实现旅游创收410多万元，为乡亲们提供诸多就业岗位。半山村也获得了"全国首个中华鹭鸟保护地"、省级"美丽乡村示范村"等称号。

总而言之，退役军人不管是选择安置工作还是自主择业，很难平平坦坦，一帆风顺，多多少少都有遭遇到一些不顺利，甚至是陷入更糟糕的境地，这时，调整好的心态，勇敢地面对困难十分重要。很多退役军人都憧憬着到地方后可以马上进入一家名气大的公司、从事一个薪水高、离家近又清闲的单位。其实大家都清楚，这样十全十美的单位在现实中是不存在的。退役军人切记不能心浮气躁，不要盲目跟风选择热门单位，只有保持良好的心态，才能冷静的做出比较适合自己的选择。

第3章 职业测评

63

3. 正确认识自己，调整择业心理

对于每一名退役军人来说，正确认识自己的优势劣势，了解地方的就业创业政策，在择业的过程中调节好自身的择业心理，让自己的身体、心里都做好充分的准备迎接接下来可能遇到的困难和挑战，这在择业过程是非常重要的，需要做到以下几点。

（1）转换角色、适应社会。

军人从部队退役后进入社会，大家的社会角色发生了转变，因此，重新定位好自己的角色，对是否能顺利适应社会的工作生活至关重要。要想快速适应社会，拥有一个好的状态是关键。退役军人的择业创业要基于自己的才能，最大限度地激发学习动力、工作热情，并能在岗位上充分发挥自己的作用。因此，择业创业前，退役军人必须从宏观上了解地方关于他们的求职的相关政策，了解市场就业环境、人事管理动态、热门行业、专业、岗位的发展变化、用人要求等情况。从微观上不断发现自己的优势、劣势，调试自己的情感，接纳原本不认同的价值观念。为了能够快速适应社会的需要，重新发挥自己对社会的价值，退役军人要重新正确地认识自己的求职目标，不要把社会、部队、家庭、朋友所给予的尊重和关爱当成社会给予的最终认可，而是要通过自己的努力重新投入社会，了解社会，积极主动地去适应社会需要。因为求职择业不是凭理想按图索骥，而是一个社会选择过程，优胜劣汰。

吴惠芳从南京炮兵学院毕业后进入杭州某部队工作，2005 年退役后回到家乡自主创业，她不断创新，优化乡村管理模式，提出了新农村建设"六个化"的标准和美丽乡村建设"四美"标准，将自己的家乡打造成了一个旅游村，发展旅游业带动乡亲们致富创收。此外，她还创立了劳务公司，帮助多名低能劳动者再就业。每年，她组织村民筹集善款 1 000 万元，用于帮助弱势群体。她带领的永联村先后获得了"全国文明村""全国先进基层党组织"的荣誉称号，她本人先后获得了"全国乡村旅游致富带头人""江苏省优秀共产党员""江苏省最美复转军人""江苏省劳动模范"等荣誉称号。

（2）客观准确地评价自己。

每个人都有自己的优点和缺点。每个退役军人择业前需要对自己的长处和短处有一个深入且清醒的认识，客观准确地评判自己的能力，分析自己退役后能干

什么、不能干什么、适合干什么、不适合干什么，这就是所谓的"知人者智，自知者明"。只有这样，我们每个退役军人才能树立起良好的就业择业心态，在求职中抓住机遇，从而避免盲目，减少失败。无论是选择安置，还是选择自主择业，都必须对自己各方面情况做到"心中有数"。这样才能保证退役军人在选岗前不迷茫、不纠结，只有对自己有一个客观正确的认识，才能做出正确的选择。

（3）树立良好的择业心态。

①　择业目标恰当。一个合适的择业目标应当是与择业人员的能力素质相匹配的，择业目标与个人实力越相当，越能增强择业人员的自信心，使其在择业中处于优势地位。确定择业目标时首先要确定一个总目标，再分解成一个个子目标，并学会根据情况调试子目标。同时，择业目标的实现应该选择先就业、再择业、后创业，转变原来的就业观念。第一，择业的总目标应该相对稳定。总目标的确定一般是根据自己的专业特长和职业兴趣确定的，不应轻易地改变。择业时总目标应根据择业人员的专业特长、兴趣爱好确定，以保证择业目标稳定，在后期择业目标的调试过程中保持大致不变。第二，择业目标分清主次。不管哪一个择业目标，都不会完全满足择业者的意愿。因此，在后期调整择业目标时，应该首先满足自己的主要意愿，再根据目标的行进过程适时调整，及时做出调整。非机关、事业单位不去，非国有大中型企业不去，势必会使自己的择业之路越走越艰难。

②　不盲目从众，不理想化。退役军人在择业时会受到诸多方面的影响。择业目标，择业期望水平会受到其他择业人员的影响。一些不良的影响（侥幸心理、虚荣心）会使他们动摇起初自己的目标，看到社会上其他择业者都追求什么，或者社会上兴起什么，不考虑自己的实际情况，就盲目采取一些不合逻辑，与择业人员现实情况不符的从众行为，从而导致择业失败。此外，有些择业人员，尤其是有些条件相对优越的退役军人在择业过程中总是觉得眼前的并非最好的，这山望着那山高，不能适时调整自己的择业目标，导致自己后来就业越来越困难，追悔莫及。因此，只有从自身的特点、自身的能力出发，结合社会需要，而不是盲目攀比，理想主义，才能利于自身价值的实现和长远发展。

③　克服依赖心理。有些退役军人因担心自己在求职中没有优势，在择业过程中缺乏自信，不愿意付出自己的努力，而寄希望于托关系、走后门。这样一来

很难从择业者的真实意愿出发找到合适的工作，二来这样让用人单位对退役军人产生缺乏基本的沟通能力、克服困难的能力和工作能力的不良印象，即便就业成功，也会影响退役军人职业生涯的发展。因此，在当今社会挑战与机遇并存，只有在择业之初，就树立自信心，敢于竞争，才能在众多的求职者中脱颖而出。

（4）正确认识社会，寻找最佳位置。

退役军人退役后择业不仅仅是重新选择一个工作岗位，而是选择一个未来，是否选对职业是后期能否成功的重要因素之一。因此，退役军人要把握时机，提前规划，认真考量，争取走好迈向社会的第一步。对社会就业环境、当地就业政策进行全面了解，确定正确的就业期望，使自己的预期和实际相符，这样才能在激烈的竞争中掌握主动权，从而求得理想的工作。服从社会原则，发挥个人优势，向着有利于自己成长的方向努力，才能找到能实现人生价值的工作。

3.6　退役军人从事的常见岗位有哪些

调查显示，很多退役军人走出部队，进入社会后都十分的迷茫，而且很多退役军人由于对社会行业知识匮乏加上对自身了解不够，不清楚自己适合干什么，未能从事自己满意的工作。目前市场上退役军人从事较多的司机、汽修工、快递员、送餐员等职业也是竞争激烈，市场基本饱和。退役军人从事职业调查如图3-5所示。

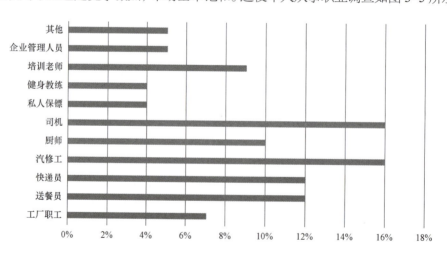

图3-5　退役军人从事职业调查

（1）出国劳务。

近几年出国劳务十分火爆，且有不少退役军人取得了令人瞩目的成就。有退役军人在非洲从事出口贸易，现在在英国的一家公司做管理，月薪近 4 000 美元。国内就业压力大，而国外尤其是中等发达国家的就业机会比较多，但提醒大家在咨询此类工作信息时切记找正规的公司，避免中介，以防上当受骗。

（2）企业管理类。

退役军人杰出的组织管理力能是很多企业重点考量的。美国福特公司在将要破产时聘请多名优秀退役军人，强化管理，一举扭亏为盈，并诞生的著名的"蓝血十杰"。汇源果汁也是如此考量，招聘大量的退役精英从事企业的管理工作，强化管理，加强监督，以确保公司的精准运营。现在很多工程建筑类公司也有愿意招聘军龄长、组织管理能力过硬的退役军人来从事项目的管理工作。

（3）物业管理。

随着房地产市场的迅猛发展，新小区如雨后春笋般不断涌现，加之现在各住宅区的物业管理工作受到越来越多业主的关注，是除了安保公司外，又一个青睐退役军人的热门行业。而物业管理人员又不同于安保人员，不是简单地从事安保工作，他们的岗位性质更为多元化，上升空间也更大，除了能获得更加客观的收入外，还能帮助他们提高诸如沟通交际能力、应变能力等，着实是个不错的选择。

（4）物流管理。

众所周知，物流行业目前已成为我国第三产业中发展最为迅速的行业之一，每年对物流各岗位从业人员的需求量不断攀升。马云斥资 500 亿美元进军物流行业。有着良好身体素质、行动迅速敏捷的退役军人如果通过正规渠道进入此行业，也是个不错的发展机会。

（5）培训老师。

培训行业的兴起带动了一批培训老师岗位的发展，其中一些拓展培训类学校、针对问题学生的青少年培训基地十分缺乏这种特殊的师资力量。这类学校的培训师岗位对于军事素质过硬的退役军人来说再合适不过。同时，此类岗位要求参入一些文化交流的因子，这要求从业人员具备一定的文化基础，沟通表达能力，因此也能对培训师本人进行一个锻炼。

（6）私人保镖。

保镖是个传统的职业，许多公司以特卫、商务调查等名义招聘的人员就是保镖，保镖并非打手，它对人员的综合素质要求非常高，对应的报酬也非常的可观，一般以小时收费，素质极为优秀的退役军人可关注此类岗位。

（7）健身教练。

军旅生涯中日常最常见的活动莫过于训练了。大部分的军人身材都是不错的，身体素质也好，意志力坚强，正能量满满，所以可以选择当健身教练。现在人们的生活品质逐步提高，人们普遍注重身体健康，退役军人去当健身教练也是一个不错的选择。

（8）其他行业（汽车、餐饮）。

汽车租赁、汽车美容、代驾、汽车销售等与汽车行业相关的工作是为开车人提供优质的配套服务，该类职业生涯也不错。另外，在美食为天的中国，餐饮行业的发展一直势头不错，也成为众多退役军人自主创业的首选行业之一。像河北的老兵尼特火锅、四川的谭鱼头火锅都是退役军人创办的。这个行业的厨师、服务、营销等岗位都适合退役军人。

此外，对于学历高、能力较强的退役军人，还可选择考取公务员，目前无论是国考还是省考，都已面对全社会招考，这也不失为一种就业方式。而且通过公务员考试后，可以直接拥有了公务员编制。如随着企业和基层社会组织对党建党群工作的重视程度提高，许多基层党组织都面向社会招聘党建专员和党群干事，具备一定宣传和文案策划能力的人即可应聘此类岗位。军人在部队保家卫国，退役重入职场时，空白的社会经验是转业过程中面临的一大难题，但这并不能阻止退役军人的在成长。随着社会的变化发展、政府职能和机构的改革，一批又一批新兴职业不断涌现，其中不乏适合老兵发挥特长、展现才华的舞台，只要谨记一分耕耘一分收获，不能改变环境就改变自己，不断突破自我，总会闯出一片新天地！

第 4 章

简 历 制 作

4.1　退役军人制作简历常犯的错误有哪些

简历的重要性不言而喻,退役军人应了解制作简历时常见的错误并加以避免,做到防患于未然。常见的错误有以下几种。

（1）没有针对性。

简历的针对性主要体现在简历中的内容与面试的岗位有非常大的关联。面试什么岗位,工作经历、专业技能、所获荣誉都要与面试的岗位相关。比如,如果你要面试一个司机的岗位,简历中至少要在专业技能方面体现出你拿到"C 本"驾照这样的技能证书。很多求职者在撰写简历的时候没有关注过这些,甚至"一封简历"走天下,任何企业,任何岗位都用一份简历,企业往往比较关注应聘者以往的工作经历,从而判断是否与拟招聘岗位要求相符。如果简历里提到的工作经历与招聘岗位没有关联性,自然不能引起企业的重视。

（2）没有深度,不懂得体现工作价值。

有些求职者在写简历的时候没有对自己和岗位进行研究,有些求职者甚至将简历理解成为一个个人信息登记表,有的求职者描述工作经历时,只罗列工作内容,注重表达曾做过什么,不懂得从过往工作经历中体现出自身的价值。有的求职者只是罗列工作时间及岗位,没有任何对工作状况的描述,无法体现工作业绩。这种"流水账"式的写法使企业难以了解求职者的能力,自然难以做出决定。

（3）表达方式没有逻辑。

有的求职者描述工作经历时,罗列工作内容,没有将内容进行分类整理,一堆内容堆在简历上,这让招聘人员很难从你的简历中提取关键信息。人的大脑习惯接受条理化、逻辑化的信息,这是大脑的阅读习惯,招聘人员一天要查阅上百封简历,自然没有时间仔细阅读你的简历。如果你的简历内容没有进行分类、精简、优化,有条理地分点论述,招聘人员自然会错过你的简历。简历就是简练地表达你的工作经历,长篇大论如何能体现你的竞争优势呢?

（4）缺乏一定的写作技巧。

每个人都有自己擅长的方面,每段经历都有对你成长有利的帮助,这是每一位退役军人在简历写作时一定要给自己的心理暗示。前面提到的如何表现工作价值其实就是一个非常重要的写作技巧——简历是否将工作内容、工作结果进行"可量化描述"？企业往往比较关注求职者以往的工作经历，在对以往工作经历的描述中寻找匹配岗位的特质，"可量化描述"工作结果就是对工作能力最好的佐证。因此是否掌握了简历的写作技巧也决定你简历是否能脱颖而出。

（5）简历过分重形式、轻内容。

求职过程中很多求职者往往花费大量的精力对简历进行修饰，花心思去做简历封面设计、插入精美的图片甚至将照片进行处理或者去拍摄艺术照，并且采用高档纸张彩色打印。简历的目的就是精练地表达经历，因此建议如果在一页纸上能表达清楚就不要两页纸，模板注重功能分区明显，便于识别信息就可以了。面试官最关注的往往是简历的内容，而不是简历的外表，所以尽管有的求职者为简历的外表费尽心思，但效果却适得其反。

4.2　退役军人在制作简历之前应该做什么准备

简历制作对很多人而言都存在一定挑战，即便你是久经职场的老手，在做简历这个事情上也会存在一些问题。一位专门负责招聘的朋友曾抱怨说，现在好多求职者都不会写简历，每天花费一半的时间在找简历，但是大部分打开的简历总是让人看不到对方想要表达的重点。

简历制作不是我们每个人想得那么简单，要想实现简历定制化和突出重点，退役军人在制作简历之前应该做如下准备。

第一个准备：了解企业，解读职位描述。

① 保障自己人身安全。很多人在求职的过程中都会担忧一个问题：找我面试的企业是否合法，对方靠不靠谱？规模有多大？工作环境是否安全、卫生？很多问题一直都让应聘者感到困惑。最近几年各大招聘平台都出现过应聘者受骗的事件，我们不能把自己的人身安全完全托付给平台的审核，要先确保安全的情况下再去应聘。

② 获得面试邀约电话。要想让你的简历被招聘人员看到，并给你打电话，首

先我们的简历必须要让对方看到其想看到的与岗位要求相符的关键字。求职者需要仔细解读企业背景、主营业务、企业文化、岗位描述等内容，仔细研究企业想要什么，思考一下自己是否具备这些要素，将具备的要素写在简历中，这些就是招聘人员想看的关键字，这样的简历就是对方想要看的简历。

如何了解企业真实的信息呢？

关于营业资质。对于大公司或者特别熟悉的公司这项可以省略，但对于你没有听说过的公司，比如某个大公司的下属子公司，都要在"天眼查"上查一下法人和注册信息。"天眼查"进行查询，操作便捷，用不了太多时间，但也是最直接有效的。

关于主营业务和发展状况。我们可以公司官网上的"关于我们"找到主营业务和发展状况，不仅包括目前公司的业务重点还会包括公司的发展历史，目前公司发展到什么阶段，如上市、准备上市、融资轮次等都会写得很清楚，如果实在找不到相关信息，百度百科也可以帮你。

关于应聘岗位是否是主要产品线。现在很多大型的企业拥有多元化产品线，以百度为例，百度最有名的产品是百度搜索和信息流，所以在百度搜索和信息流相关的产品线都算是核心产品线。大公司产品线太多，不确定是否为核心产品怎么办？有两个简单的办法：第一找你所在行业的朋友，问问他们有没有听说，看看这个企业在行业里的知名度和存在感够不够；第二利用百度、知乎进行搜索。除了大公司外，一般创业公司虽然业务形态相对单一，但其实内部也会有多条产品线，需要在面试过程中多加了解。如果有些答案实在找不到，可以留到面试过程中询问面试官。关注应聘岗位是否在主营产品线的原因有两个：主营产品线上的岗位会让你在公司中掌握更多的职业资源，有利于你在这个企业中发展；同时，主营产品线的岗位会有利于更好在这个行业中发展，不断积累工作经验，不断完善工作流程更有利于你培养自己的职场竞争力。

关于职位描述。职位描述在招聘网站、公司官网、公司微信公众号上能看到。我们需要解读职位描述中的岗位描述与任职需求中，找到这个岗位要完成的工作任务所要求的员工应具备的工作能力，这些工作能力就是招聘人员考核求职者的重点，所以退役军人要仔细研究职位描述，将总结的关键字结合个人经历，写在简历中。

第二个准备：了解招聘人员看简历的方式。

好不容易将简历写完，梦想着招聘人员会仔细地看我们写的简历，真实的情况可能与我们想象的完全不一样。招聘在网络上查阅简历，在每一份简历上关注的时间不会超过 10 s，快速检阅简历中有没有与岗位相匹配的关键词。

简历不仅应包含关键词，同时需要简明扼要的表达形式，最简单的格式就是分点进行表述。举个例子，如果你在部队中参与了五件与岗位相关的项目，那么要对这五段工作经历分别进行论述，不要堆砌在一起。

4.3 组成简历的各个要素有哪些

退役军人在部队时很少接触个人简历这种知识文本，一份完整的个人简历的基本要素包含个人信息、求职意向、教育背景、工作经历、所获奖励、专业技能及自我评价等。

（1）个人信息。

个人信息的内容包括姓名、出生年月、性别、政治面貌、籍贯、部队服役时间、手机号码、电子邮箱等。需要注意的是，个人信息里的联系方式一定要齐全，包括手机号码、通信地址、E-mail，等等。有人力资源的朋友跟我描述过，有求职者将手机号码写成 10 位数字。通信地址尽量详细，便于对方联系你。一般在一线城市沟通联系都使用电子邮件，建议大家用商务邮箱，尽量少用 QQ 邮箱，商务邮箱会让你显得更职业化。对于照片我们需要区别对待，面试的岗位对个人形象有要求时，建议附上照片，比如司机、销售、健身教练等这类与人沟通的岗位都会对个人形象有要求，招聘简章中不会写明要求，但是我们自己要清楚其中的隐性要求。建议照为蓝底或者白底一寸免冠证件照，因为简历是一个正式文本，照片能反映你的个人形象，也能显示出你的职业化程度，所以简历附上照片。

（2）求职意向。

求职意向是简历的核心内容，简历的其他内容都是围绕求职意向展开的。如果你想面试几个不同的岗位，建议你在一份简历上只写一个求职意向，这样简历会更加有针对性。

（3）教育背景。

教育背景是指入伍前的主要教育经历，一般按从近期到远期这样的倒叙方式填写。很多退役军人将教育背景这一项看得比较重，当看到很多用人单位对学历都有要求时，认为自己达不到要求，因而变得不自信，给自己设置诸多限制。如果入伍后在部队中进行过学历晋升，那么在简历上写最高学历即可。如果没有继续深造，将教育背景放在工作经历后面，重点突出工作经历。

（4）工作经历。

工作经历主要是指在部队工作的情况，包括时间、职位及工作内容等。如果之前的工作对应聘岗位有帮助，也可在简历中重点体现出来。这方面内容的写作应注意相关性强、简练、有条理，避免没有逻辑堆砌在一起。

（5）所获奖励。

所获奖励主要是指在部队期间获得的奖励，包括获奖时间、获奖名称等。所获奖项的写作应突出奖项与面试岗位的相关性，体现你胜任面试岗位的内在软实力最佳，塑造一个积极正面的职业形象，避免将所有奖项都写进去，多即是少，少即是多。

（6）专业技能。

专业技能是指在某个行业或专业所拥有的技能。这一部分尽可能以职称及技能证书的形式体现，包括入伍前及入伍后获得的职称及获得时间等。

（7）自我评价。

自我评价属于对个人情况的客观介绍。自我评价应用简练的语言表述自己的主要优势，对应聘职位的理解及对岗位的期待。个人优势可以从性格、职业兴趣、职业能力、自我追求等四个方面着手。自我评价应注意体现个人优势与应聘职位的匹配性。

简历是每一位求职者获取工作机会的敲门砖，能否接到面试的邀约电话关键在简历，所以简历制作过程中应尽全力通过简洁的语言，有针对性的展示自己的职业优势，简历中每一个组成要素都能反映求职者是否有能力胜任面试的岗位。因此在制作简历前，建议大家多花点时间了解招聘岗位的需求，检索自己胜任岗位的特质，再去制作简历，做到"知彼知己，百战不殆"。

4.4　退役军人选择怎样的简历模板

你在写简历前是否听说过要挑选简历模板？挑选简历模板对我们求职有帮助吗？怎样挑选简历模板？

很多求职者在进行简历编撰的时候会有以上这些疑问，但也有的求职者可能不太理解简历在求职中的作用，因而把简历制作想得如此程序化、精细化。简历模板对我们的求职有帮助吗？以下从招聘人员查看简历的习惯对该问题进行分析。

1. 招聘人员的心理

如果是大公司进行招聘，招聘人员可能会收到几百封简历，然而其并没有足够的时间查看所有这些简历。因此，招聘人员的任务就是：在短时间内筛选出足够的人参加面试。假设招聘人员收到 100 封简历，但只需要 5 个人来面试，那么淘汰率就高达 95% 以上，所以对于大部分简历招聘人员其实都只是扫上一眼。最多不超过 10 s。

如果你希望自己的简历在初筛时脱颖而出，就要以"10 s 内能看到重要信息"为设计目标，如图 4-1 所示。换言之，"让招聘人员在 10 s 内尽可能看到更多的内容"就是设计的目的。

关键词.

10 秒

图 4-1　简历设计关键词

2. 从左至右，从上到下的阅读习惯

人的阅读习惯是"从左至右，从上到下"，如图 4-2 所示。如果仔细观察还

会发现：当视线向下移动的时候，人更容易看到的是右边的内容。

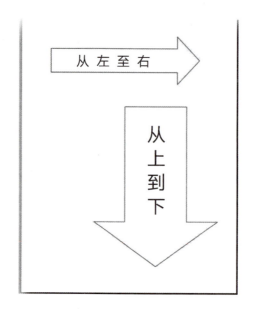

图 4-2　阅读习惯顺序

招聘人员在阅读简历的整个版面时，很可能是以一种"倒 L"形的顺序进行阅读，如图 4-3 所示。那么按照这种顺序，把信息按重要程度递减去配置在这条路线上。理论上可以让招聘人员在最短的时间内发现最重要的内容。

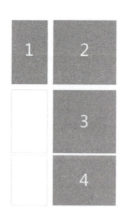

图 4-3　"倒 L"形阅读顺序

了解招聘人员看简历的习惯后，如图 4-4、图 4-5 所示的两个简历模板进行对比，如果你是招聘人员，那一个版本的简历模板会更符合你的阅读习惯？

图 4-4　简历模板 1

图 4-5　简历模板 2

显而易见，通过对比发现图4-4所示的简历模板1更符合阅读简历的习惯，同时该简历模板也更能直观地表现重点内容，是退役军人在进行简历制作时首先选择好简历模板。

对于简历模板的选择有以下几点建议：

① 有明确的功能分区，个人信息在一个区域，求职意向在一个区域，教育背景在一个区域，工作经历在一个区域，这样的布局便于整理招聘人员识别信息；② 符合"从左至右，从上到下"的阅读方式；③ 版面简洁，没有过多修饰；④ 颜色单一，冷色为佳（蓝、灰），不要有多种颜色同时出现在简历中。

4.5　如何在简历中表达自己的独特之处

很多招聘人员在寻找简历时最害怕看到如图4-6所示的简历。

个人简历表

姓　名	某某	性　别	男	出身年月	1979.8	
政治面貌		民　族	汉族	健　康状　况	健康	
婚　姻状　况	已婚	身份证号码		1211111111111112		
现户籍所在地	莱西姜山镇			所　学专　业	行政管理	
最后毕业学校	四川时代职业学校			毕　业时　间	2002.7	
家庭情况	妻子	某某	工作单位	泰光		
			工作单位			
主要经历	时间		从事的工作/接受的教育			
	1997.12-2002.12		部队当兵 从事汽车教练			
	2003-2017		泰光有限公司 车间主管			
综合素质概述	本人性格热情开朗，待人友好，为人诚实谦虚。工作勤奋，认真负责，能吃苦耐劳，尽职尽责，有耐心。具有亲和力，平易近人，善于沟通。有强烈的集体荣誉感，较强的社会适应能力，良好的团队精神。					
通讯地址			邮政编码			
联系电话	138xxxx6460		Email 地址			

图4-6　失败的简历

78

失败的简历最突出的特点就是没有有效信息。如果你的简历换个名字跟其他所有人的简历长得一样，那么对于制作这样的简历总体评价就一句话——浪费时间！在简历中表达自己的独特之处的目的是更好地体现自己与所应聘岗位的相关性，这里涉及简历的写作技巧，给大家介绍简历制作中常见的写作技巧：

（1）关键词。

简历中的关键词主要应包含在工作经历、自我评价当中，招聘简章中要求求职者具备怎样的能力和素质，求职者的简历中就出现相关表述，这些内容主要散布在工作经历和自我评价中。如果招聘人员扫一眼就能看到这些内容，那么求职者的简历很可能就被相中了。

（2）可量化描述。

简历中的"可量化描述"主要包含在工作经历中，在进行简练的工作内容描述时，应将你所取得的工作成果用数字的方式表达出来，这些数字就是你的工作价值的体现，佐证你的岗位胜任能力。但是"可量化描述"也是有写作技巧的。举个例子，求职者去面试销售类型的岗位，只需要写销售相关的工作经历即可，让工作经历与招聘岗位保持相关性，"可量化描述"可以规定时间节点——单位时间内的工作成果，即以一个月度/季度/年度为单位时间，写清楚过去月度/季度/年度的销售量，这种适用于很多销售场景。

运用以上两个技巧制作的简历已经与别人的简历区分开了。

简历制作的其他注意事项包括篇幅一页、排版整洁、重点突出、文字精练、无格式错误。

4.6　退役军人如何写自己的个人简历

真正到写简历的时候，很多人都会有类似的感受：没有什么可写的内容。这个经历要不要写？写上后会不会是我的加分项？我有什么优势？把自己写得太好会不真实，真实写又怕得不到面试机会……这些头痛的场景用几个词来总结：难！很难！非常难！

要想写好简历，我们需要先了解查阅简历的人群。通常情况下，最先接触到你简历的是招聘人员。简历由招聘人员筛选通过后才会转发给用人部门的面试官。于是我们就得先了解招聘人员平时筛选简历的习惯，招聘人员喜欢什么样的简历；针对招聘人员工作的习惯和喜好再来梳理制作简历的方法：简历制作的三个基本要素，根据岗位描述分析快速提取关键词，以及 star 法则和数据量化原则在简历中的应用。找对方法就不愁写不出招聘人员看后必转发的简历了。

我们先来阐述招聘人员是怎样挑选简历的。招聘人员筛选简历有两个特点：快和准。

招聘人员筛选简历的第一个特点，快。招聘人员筛选简历的速度非常快，作为一线招聘人员每天每人需要处理几百份简历，所以筛选简历的时间会被压缩得很厉害。招聘人员阅读一份简历几乎在 10 s 以内，比如应届生的简历因为背景经历相对简单一般用时在 3～5 s。所以简历，要抓好这个"简"字，简历制作有以下三个基本要素。

第一，简历排版简明清晰，版面简单、整洁，功能分区明显。简历中包含个人信息、求职意向、教育背景、工作经历、所获奖项、自我评价等六个模块，按照以上顺序从上而下进行排列，注重简历内容，不要过分在意简历的外观与设计，招聘人员不会过分关注外观。

第二，全部内容控制在一页纸以内。

第三，尽量保证简历内容的真实性。

招聘人员筛选简历的第二个特点，准。招聘人员在 10 s 内是通过什么方法挑选出合适的简历呢？抓取关键词是其法宝。招聘信息中对岗位职责描述的关键词在你简历中出现的越多，证明你和岗位之间的匹配度越高，越容易引起招聘人员的注意。如果 10 s 内招聘人员没有在你的简历中找到这些关键字，他就会关掉你的简历，点开下一份。

了解了招聘人员筛选简历的习惯后，以下阐述如何写出让招聘人员感兴趣的简历。

招聘人员花最多时间看的是简历中的工作经历和项目经验两个模块。我们通过分析岗位描述提取关键词，以及 star 法则和数据量化原则的方法来梳理这两个版块的内容，提高命中率。

怎么从招聘信息即岗位描述职位描述中准确提取关键词？图 4-7 是一份关于"招聘驾驶员"的职位招聘信息。

职位描述

岗位职责：

1. 负责公司车辆保养、维修和清洁工作；

2. 协助处理公司车辆保险、索赔、年检办理；

3. 协助处理日常行政事务。

任职资格：

1. 年龄28~45岁，3年以上实际驾驶经验，熟悉本地路况；

2. 无不良驾驶记录，无重大事故及交通违章，具有较强的安全意识；

3. 为人踏实、老实忠厚，保密意识强、责任心强，能适应加班。

因公司业务繁忙，望求职者主动电话联系咨询。

图 4-7　驾驶员招聘启事

图 4-7 为招聘网站上随便搜到的一个诚聘驾驶员的信息，我们可以看到一般岗位描述由两部分组成：岗位职责和任职资格。这两项内容是告诉求职者关于岗位的要求，实际上是在传达这个岗位对候选人的要求，我们可以简单地将其划分为两方面：专业知识技能和软性素质能力。我们根据这个例子来进行一次梳理。

"负责公司车辆保养、维修和清洁工作"——从这一点说明这个岗位要求求职者通过了驾照考试，对车辆的器械、零部件有了解，有汽车维修和清洁的经验，具备一定汽车维修的能力。

"协助处理公司车辆保险、索赔、年检办理"——这一点说明这个岗位要求求职者有车险的办理、索赔，车辆年检相关的经验。如果在工作地点认识相关的人员，具有一定人脉关系那就更好了。

"协助处理日常行政事务"——对于"日常行政事务的"工作范畴，如果解读不清楚，在面试过程中一定要问清楚，确定岗位的定位是怎样的？即这个工作内容有哪些？工作汇报的对象是谁？如果这个岗位定位在整个公司公用车辆的管理上，那么需要在工作经验中体现你的行政管理经验，比如对物件的管理，在部队中制定过物件管理的制度，协助管理过训练的器材等关于物件的行政管理经验。

任职资格中可以看到对岗位的要求，其中有关个人性格、职业素养方面的要求，我们需要在个人经验、所获荣誉和自我评价中，通过描述具体工作事件，性格特点，反映你的性格特点、职业素养。

如何写应聘驾驶员的简历中自我评价、工作经历两个模块，以下给大家提供一个示范。

（1）工作经历。

2016—2019 年　　×××××公司　　　驾驶员

根据领导的行程安排制定驾车出行安排，保障出行安全。

维护并管理公司公用车辆的维修、保洁，及时向行政部门反馈公用车辆的维修、维护情况。

制定公司公用车辆使用章程。

协助行政部门进行车险、理赔工作。

（2）自我评价。

我是一名退役军人，××年的军旅生涯锻造了坚强的毅力和绝对的服从意识。在服役期间我的表现受到领导肯定，也取得了很多荣誉，多次被师团评为优秀士兵，多次受到嘉奖。我吃苦耐劳、服从上级的管理，在工作上得到了同事和上级的好评。退役后，我从事司机的工作。从事这份工作的原因是自己非常喜欢车，看到车就感觉看到了朋友。在部队期间，我系统学习了车的内部构造与工作原理，经常修理部队的车辆，在这个过程中，充分利用了零散的时间提高自己的开车与修车技能。我希望自己所掌握的知识能够为贵公司创造价值。

（3）专业技能。

机动车驾驶证 C1 本。

根据关键字我们写了第一版简历，但看起来干巴巴，你说你能行，但招聘人员看不出来怎么办？那么我们进行写简历的第二步，用数据量化原则和 star 法则对内容进行加工润色。

数据量化原则，是指所有你提到的工作内容都要有结果，所有结果尽量数据化。这是展现自己做事结果导向并且非常有目标感的好机会，但尽量保证数据真实，因为面试时一定会被问到，答不上来就会比较惨。

star 法则包含四项内容情景（situation）、任务（task）、行动（action）和结果（result）的四项缩写。情景：事情是在什么情况下发生的；任务：你是如何明确你的任务的；行动：针对这样的情况分析，你采用了什么行动方式；结果：结果怎样，在这样的情况下你学习到了什么。每个事件按照这个格式进行梳理就会格外有逻辑感。

我们将上面的应聘驾驶员的简历的示范内容进行润色与优化，比较两版简历之间的差距。

（4）工作经历。

2016—2019 年××××× 公司　驾驶员

负责过 5 次领导长途驾驶护送工作，根据领导的行程安排制定驾车出行安排，按照时间表规划出行最短路线，安排领导长途出行的住宿、餐饮，并充当保镖角色保护领导安全，顺利完成长途驾驶送工作。

维护并管理公司公用车辆的维修、保洁，在职期间处理过 50 起车辆紧急维修状况。

制定并修改公司公用车辆使用章程，协助行政部门管理公司车辆使用情况。

协助行政部门进行车险、理赔工作，经办 5 起公司车辆追尾事故善后工作。

（5）自我评价。

我是一名退役军人，×× 年的军旅生涯锻造了坚强的毅力和绝对的服从意识。在服役期间我的表现受到领导肯定，3 次被师团评为"优秀士兵"。我吃苦耐劳、服从上级的管理，在工作上得到战友和上级的好评。退役后，我从事司机的工作。从事这份工作的原因是自己非常喜欢车，看到车就感觉看到了朋友。我系统学习过车的内部构造与工作原理，在上一份工作中多次处理紧急维修事故，具有汽车维修与保养的经验，并且汽车管理等方面经验丰富。同时，我熟悉处理汽车保险、理赔处理流程，在当地有相应的合作渠道。希望我的工作能在贵公司创造价值，期待与贵公司的合作。

关于写简历的其他小细节：

避免错别字和语法错误。写完简历一定要反复检查，念出声，检查语句是否通畅。错别字是简历书写的大忌，一定要注意避免；

对于简历里的关键字，如果你担心招聘人员看不到，那就把关键字加粗；

通过电子邮件投递的简历以"公司名称—岗位—姓名"命名，在发送电子邮件时，在电子邮件的主题上写好"岗位+姓名+面试简历"，增加招聘人员对该邮件的关注度；

个人信息中区分重点：姓名、联系方式、电子邮件是必不可少的个人信息，其他信息可以忽略。照片应为一寸蓝底或白底免冠存照。

对于所获奖项和描述坚持相关性原则，只写有利于体现岗位胜任要素的获奖信息，多即是少，少即是多。

4.7 如何用一封求职信吸引招聘人员

求职信是求职者申请工作时必要的一个材料，一般与个人简历放在一起，用来对自己的经历与求职意向进行简要介绍，对简历起到一定的补充作用。求职信对于求职者的申请作用说大不大，说小也不小，但作为求职者还是应该对每一个环节都尽量做到完美，这样才能抓住更多的机会。下面将详述如何才能写出一封专业的、规范的、吸睛的求职信。

很多人认为公司招聘人员是不会读求职信的，其形式大于内容。事实上，的确很多大公司并不会认真地阅读求职信，大多是一扫而过，但并不是所有的公司和招聘人员都是这样。对于一些公司，尤其是规模较小的公司，他们可能会非常重视求职信，并会较为仔细地阅读自己感兴趣的求职者的信件。一位大公司的人事主管对此这样看：我会认真地看求职者的求职信，对于那种一下就能看出是套模板的求职信，我是一定不会给通过的。另有一家企业的人事主管说："不要认为别人不会看你的求职信，我们有时会因为没时间而不看，但很多时候也是有时间、有兴趣去看的。"由此可见，求职者不应该抱有这样的侥幸心理，对于求职信，求职者仍然需要重视。一封好的求职信，不仅要规范、职业，也要有一定的特点，要能一定的"定制感"。

1. 求职信写作的三个常见错误

（1）流水账式的故事堆砌。

很多人的求职信写成了一大堆经历的流水账，这类求职信一般很长，通过减小字号、缩小页边距才能勉强放在一页里。这样的内容堆砌没有重点、篇幅冗长，读起来枯燥乏味。事实上，个人经历只是求职信内容的一部分，而且不要将全部的经历写上，重点写与求职岗位最相关的、最重要的经历，以及简历上没有的一些亮点。在篇幅方面，尽量将求职信的篇幅缩短到 2/3 页以内，文字不要过于紧凑；在内容方面，重点突出与岗位相关的经历，将求职信作为简历的补充而非重复。

（2）语言赘余，描述过多。

求职者在写求职信时，常常会过于赘述，对自己的经历进行了过多的描述。或许你觉得自己的经历非常精彩，但在求职信里一切以简洁、直接为主要标准，每一段经历仅用两三句话讲清楚就可以，尽量讲重点，与申请职位相关。

（3）没有逻辑，结构不清。

结构清晰是一封专业求职信的基本要求，清晰的逻辑能够帮助筛选者更好地阅读求职者的求职信。逻辑不清不仅会使得求职信本身难以阅读，还会让招聘者怀疑你的逻辑能力。

2. 求职信的正确格式

求职信的格式应采用书信文本的格式去写，这是很多求职者忽略的地方。求职信的标题居中。求职信与书面信函有一个区别，结尾不需要此致敬礼，需要写上联系方式和个人邮箱，便于招聘人员联系我们。如图 4-8 所示。

求职信的正文包括以下内容。

（1）个人简介。

个人简介应介绍自己的基本情况，包括学历背景、部队背景等，简单地说明你是谁，你是如何了解到这个职位的，然后表达一下自己对这个职位的看法。这一段不需要太长，两三行即可。

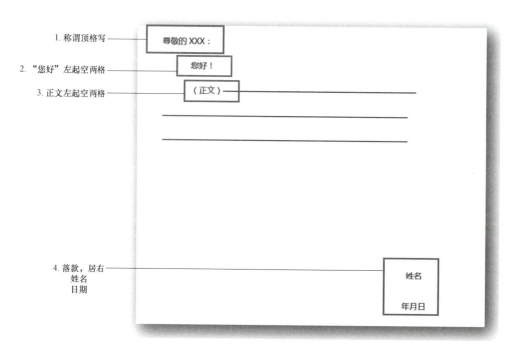

图 4-8　求职信的正确格式

（2）相关经历。

这是求职信中最长的一段。这里可以按照时间的顺序将你最重要的、与岗位最相关的经历叙述出来，比如学业成绩、部队经历、工作经历、海外经历、竞赛活动，以及你现在在做什么，但也不要过分详细描述。

（3）你为什么能够胜任。

这段是最能体现出"定制化"的部分，基本上回答几个问题即可：你为什么热爱这个行业、为什么选择这家公司、为何可以胜任这个岗位。简单表达一下你对这份工作的兴趣，你对这个公司的敬仰，以及为什么你的经历适合于申请的职位。如果你觉得自己有什么特别的地方，也可以在这一段提出来吸引眼球。

（4）结尾。

告诉招聘者你已经附上了简历，留下你的联系方式并表达你希望能随时和对方进行沟通。

（5）其他。

上面的结构基本适合大多数的求职者，但每个人可以根据自己的个人特点进行调整，如果你有一些非常特殊且有趣的经历，也可以适度增加这一部分的篇幅，或者多出一段进行叙述。此外，你也可以单独拿出一段故事，例如，你如何对上一份工作产生兴趣，后来如何一步一步地努力走到今天，或者你和这个公司有着怎样比较特殊的缘分等。

总之，记住保证你的求职信逻辑清晰，结构简单，并保证在基本规范性、专业性的基础上加入一些能体现出诚意的"定制化"内容，这样就能够写成一份吸引人的求职信了。

最后，在写完求职信后一定要多次检查，不要出现拼写错误，不要弄错公司名字，也不要出现蹩脚的英文用法，这些低级错误都可能会成为对方拒绝你的理由。最后，希望各位都能够写出一份有吸引力的求职信，在申请季里斩获满意的 offer!

退役大学生士兵求职信

尊敬的公司领导：

您好！

感谢您在百忙之中抽空审阅我的求职信，我希望进入贵公司，成为一名总经理助理，期望您给我一个自我展示和实现价值的平台。

我是一名刚从部队退役的大学生士兵，于 2018 年 9 月退出现役。

入伍前经历（3 年大学经历）：

获得国家励志奖学金 1 次；

参加"阿里巴巴大学生明日网商挑战赛"，主要实践在线考试、网络广告营销、组建个人站点等相关，获得综合排名前 50（网上可查），获中国大学生"明日网商"；

业余时间，担任机房管理员 3 年，从事机房管理维护工作，具备一定的网络维护与管理的能力；

熟练使用 Windows Server 2016 等操作系统。

入伍经历：

在部队的两年内，我的职务是文书兼军械员，属于后勤人员；

主要是配合指导员、队长对部队日常管理工作；

拟写公文材料（主要计划、方案、总结以及汇报性材料）；

负责领导视察的照片拍摄、编辑，报道新闻；

负责电视电话会议的安装和调试；

负责监狱视频监控网络的维护；

负责后勤接待工作。

的确，我们军人有了2年的军旅生活却失去了2年的工作经验，给我们现在找工作带来很大的困难，毕竟公司不会养活一个不能创造利润的员工。可是我们在部队也训练出了更成熟的心智模式。

首先，部队的生活让我养成了非常好的心态，学会了坚决执行，学会了团队合作，学会了吃苦耐劳，学会了付出，学会了服从，面对高强度的体能训练和经常遇到的恶劣环境，让我养成了钢铁般的意志。

其次，大学三年的学习，让我具备了职业化的专业知识。此外，我具备较强的学习能力，性格开朗，行事稳重，具备互联网设备使用与管理的能力，我相信我一定能适应未来的职场生活。

最后，我考取了驾照，拥有一定的搏击经验，未来有需要的时候一定会全力以赴。

我深知在贵公司工作是多么不易，"长风破浪会有时，直挂云帆济沧海"，希望贵公司能给我一个发展的平台，我会好好珍惜，为实现自己的人生价值而奋斗，为贵公司的发展贡献力量。

联系方式：×××

邮箱：×××

张某某

2019年3月

4.8　简历的投递渠道有哪些

常用的简历投递渠道有网络招聘，现场招聘，专业招聘机构，内部员工推荐，社交论坛、微博、微信等新型媒介。每一种渠道都有各自的特点，求职者投递简历时可根据实际情况进行选择。

（1）网络招聘。

网络招聘以其方便、快捷及成本低等优点，目前已经成为企业招聘的主要渠道。网络招聘渠道分为综合类招聘网站、专业招聘网站及专业机构招聘网站等。综合类招聘网站涉及的职位及行业比较全面，但招聘岗位比较宽泛。目前比较知名的综合类招聘网站有：前程无忧（www.51job.com）、智联招聘（www.zhaopin.com）及中华英才网（www.chinahr.com）等。

专业招聘网站指针对某个行业进行招聘，如工控网（www.gongkong.com）、电力人才网（www.epjob.com.cn）等。

专业机构招聘网站是指专业进行就业指导、测评服务、职业规划、心理咨询等专业人力资源服务机构的网站。此类网站往往会和一些企业有较好的合作关系，招聘成功率相对比较高。

（2）现场招聘。

现场招聘会是比较传统的招聘方式，其优点是费用适中，且企业可以与求职者进行面对面的沟通，双方可以得到比较直观的感受和了解不足之处。现场招聘会通常与媒体宣传相关联，如果媒体宣传力度不够好，招聘的数量及质量均会受到影响。

（3）专业机构招聘。

目前，专业机构主要有猎头公司和就业指导服务机构。猎头招聘采用定向招聘方式，招聘成功率高，但招聘成功后会收取高额的佣金，因而招聘成本较高，企业往往仅针对高端职位招聘时采用。就业指导服务机构，不仅仅为求职者提供就业机会，还会有简历指导、职业规划、测评服务、心理咨询等一系列就业指导服务，服务内容更系统化，收费也比较合理，因此越来越受到企业及求职者的欢迎。

（4）内部员工推荐。

现在，越来越多的企业实施并鼓励内部推荐招聘方式，有的企业还为此专门设立奖项，用来奖励那些成功为企业推荐员工的人员。推荐者与求职者往往比较熟悉，推荐者对求职者品质比较了解，而求职者也会从推荐者那里提前了解企业的一些情况。入职后，会减短彼此的磨合期并很快进入岗位角色。

（5）社交论坛、微博、微信等新型媒介

随着互联网的日益发展，各种社交论坛、微博、微信逐渐走入大众视野。当前很多公司的企业招聘人员利用网络的便捷性，通过各种新型招聘方式进行招聘，效果甚佳。

4.9　如何提高网上投递简历的回复率

不少求职者在简历投递过程中都遇到过这种问题，发了数十份简历却没有得到回复。为提高求职的成功率、更快地找到工作，在网上投递简历时应掌握以下技巧。

（1）选择合适的投递渠道。

目前互联网上有很多招聘渠道，求职者应根据面试的岗位及行业类型，选择适当的招聘网站。

（2）经常刷新简历。

当招聘人员搜索简历时，符合条件的简历是按刷新的时间顺序排列的。由于相关简历数量庞大，招聘人员一般只会看前面几页。很多求职者其实并不知道刷新简历可以获得更多的求职机会。因此求职者每次登录招聘网站时最好都刷新简历，使自己的简历排在相关网页的前面，从而更容易被企业招聘人员看到。

（3）切忌投递同一个公司的多个职位。

求职者在面试中，面试官经常会问到的一个问题："你的职业生涯规划是什么？"有了发展的方向，才更容易找到适合自己的职位，事半功倍，达到双赢的效果。投递简历的时候切忌投递同一个公司的多个职位，特别是一些根本不相关的职位。例如，同时应聘技术部高级经理和销售部高级经理，这样只能说明求职者对自己的未来没有规划和信心不足，自然也难以得到企业的青睐。

（4）注意简历的投递格式。

如果是通过各种求职网站投递简历，一定要严格按照网站上要求的格式输入邮件标题。如"姓名+应聘岗位+信息来源"。否则，不按要求投递会被一些企业的内部邮件系统自动归类到"垃圾邮件"中。求职者如果在该网站已建立了最新的与该职位相匹配的简历，那么不妨点击"申请该职位"通过该网站发送简历，这样做的好处是企业招聘人员能及时收到求职者的简历，而不会当作"垃圾邮件"删除，并且对求职者应聘的职位一目了然。

（5）尽量使用私人邮箱。

在给用人单位发送简历时，如果能获取私人邮箱就一定使用私人邮箱。私人邮箱为招聘人员个人邮箱，邮件往往具有针对性，也相对比较精简。公共邮箱由于信息公开，每天收取的简历数量庞大，企业招聘人员很难逐一审阅。

（6）把握好投递简历的时间。

投递简历时间的把握也是一门学问。一个热门职位，应聘的人数众多，如何让自己的简历脱颖而出呢？接收邮件的一般规律是最后接收的邮件最先显示，如果简历投递时间是最后投出，它的位置就会在企业招聘人员邮箱的最上方，这样当招聘人员打开邮箱时，自然就会先看到简历。据调查，企业招聘人员的工作习惯一般会在上午九点半及下午两点左右打开邮箱查看简历，下午三点左右通知面试，每周二、周五查看邮箱的概率较大。

（7）定制化设计你的简历与求职信。

根据面试的岗位，定制化设计你的简历内容，切忌同一份简历去海投，这样你的面试机会将减少很多。

第 5 章

面 试 技 巧

5.1 退役军人面试前要做的准备

求职者接到企业面试邀约电话后，开始着手准备面试，进入到面试前的准备阶段，这个阶段主要需要做好三件事情。一是调整好自己面试的心态；二是做好对于公司、岗位信息的准备工作；三是重视不可忽略的细节问题。

（1）调整好自己面试的心态，其实就是用正确的心态来看待面试这件事情。

面试的目的是个人找到适合自己的企业，企业找到合适自己的员工，重点在于"合适"。所以在面试的过程中，求职者与用人单位是双向选择的结果，大家都是在寻找合适的人或岗位。如果遇到求职过程不顺利、周期长、波折多，这时千万不要灰心，错失的就是不适合的，适合的总在下一个地方等着你。很多成功的人士在面试的过程中都存在波折，王宝强做了多年的群演，直到《士兵突击》中许三多这个角色才打开知名度，迎来事业的春天。许三多这个角色是最适合王宝强的，王宝强选择了最适合自己的角色，将这个角色"演活了"，所以成功了。面试也是一样的道理，寻找到适合自己的公司和岗位，是走向成功的第一步。

（2）做好对于公司、岗位信息的准备工作。

在面试的过程中，面试官经常会问求职者，"你对我们公司了解多少？""为什么你选择做这个工作？"这两个问题其实是考核求职者对公司和岗位的认知，所以在面试之前，为了避免哑口无言的尴尬状况，顺利拿岗位录取通知，认真了解公司和岗位是非常重要的一步。

了解公司可以从以下几点着手。

① 公司目前的主营业务是什么？

② 公司的主要产品是什么？

③ 公司的发展历史是怎样的？

④ 公司目前处于什么发展阶段？

⑤ 公司所在细分领域的整体发展情况是怎样的？

⑥ 过去 1～3 年里公司发生过哪些大事件？

⑦ 如果是创业公司，创始人的履历是怎样的？

⑧ 公司的价值观是什么？

这些信息一般都可以在要面试的公司官网中找到，关注其主营业务、主要产品、发展状况三个版块，就能找到这些信息。

了解岗位的信息，可以关注公司发布的岗位职责和岗位要求，这里推荐一个"面试指南表"，求职者可以用这个表格收集并整理公司信息、岗位信息等，如表 5-1 所示。

表 5-1　面试指南表

公司名称	面试时间	面试地点	着装要求	面试轮次	招聘人员联系方式	面试岗位	岗位职责	岗位要求

面试指南表可以直接应用于面试过程中，帮助求职者安排自己的行程，在做职业决策的时候，也能帮助求职者筛选企业。

（3）重视不可忽略的细节问题。

① 提前到达。提前计算好路程时间，最好每次面试提前至少 10 分钟到达现场，利用这 10 分钟放松一下自己，做些简单的准备工作，或者观察感受一下公司环境和员工工作状态。但无论什么原因导致的有可能迟到情况，一定提前至少 10 分钟电话联系约你面试的招聘人员，拜托招聘人员转告给面试官你可能出现的迟到情况。需要注意的是，如果需要取消面试，一定也要提前至少半天电话联系招聘人员。现在企业几乎都有招聘系统，你的简历会被一直留在人才库中，被记录上无故爽约，对以后的职业选择可能造成不利影响。

② 个人形象。除了对着装有要求外，面试时要尽量保持好个人形象，呈现积极乐观的状态也是很重要的加分项。男生保持个人卫生整洁，女生尽量化淡妆且妆容保持素雅清淡，男女生的发型、发色尽量不要太出挑，如果喷香水尽量选择淡香型香水。

③ 面试前一晚要注意休息，不要熬夜。

④ 提前一天确定好乘车路线，千万不要在面试前再去查找乘车路线，如果遇到上下班的高峰期很容易迟到。

5.2　企业常见的面试流程

求职者在面试前，需要了解企业面试的流程，以及每个流程的考核重点，以帮助自己提升应试能力。

目前大部分企业的面试流程主要是：面试邀约、初面、复面、终面、发送录取通知书。根据面试的不同岗位会有调整，一般在技术岗位会增加笔试环节，考核求职者的专业知识。如果面试的岗位是管理层或者其他重要领导层，会涉及对求职者的背景调查。

（1）面试邀约。

面试电话的主要作用是通知面试者面试的岗位、面试时间、面试地点，面试者接到面试电话后，要记清楚相应的信息，做好面试中关于企业、岗位信息的收集，准时参加面试。

（2）初面。

初面一般是公司人力资源部门主要负责面试的职员进行初试，初面的目的是把那些看上去比较符合岗位要求的求职者约过来进一步交流，了解他原来的工作经历、他的个人性格特征、学习能力、职业规划、对公司文化的符合程度等。初面的筛选条件会宽泛很多，主要目的是挖掘一些潜在的人才。所以会询问求职者关于原来公司性质、团队结构、在团队中的角色、负责哪方面的工作内容等，面试过程中考官会观察求职者是否能把整个业务流程讲明白，是否能把他之前团队其他成员的工作内容讲明白，讲述的内容是否符合公司的招聘要求。考官也会与求职者聊关于个人性格、家庭状况、薪酬方面的想法，从求职者反馈的信息中进行判断。综合来讲，初面是比较好通过的面试，因为不涉及求职者具体工作技能的测试，只考察求职者当下的工作能力、未来潜力、稳定性等。

（3）复面。

复面一般是业务部门的主管来负责，业务部门比人力资源部门更明白招聘岗位的实际需求，所以把招聘的决策权交给业务部门，由他们来决定最终录用哪些候选人。这一轮面试主要考核求职者的工作能力。复面主要侧重于求职者过去的工作经历、具体项目经验、工作流程、工作结果等这些内容的考核。这个时候求职者的能力如何，是否与招聘的岗位相符合基本已能见分晓。所以，求职者们应在面试前认真梳理过去的工作经历、具体项目经验、工作流程、工作结果，以免在面试的过程中慌乱、遗漏。

（4）终面。

人力资源部门负责终面，由人力资源部门来谈薪资待遇，是因为当前很多企业都有工资保密制度，以及公司人力成本控制工作，这些都是人力资源部门的本职工作。终面基本就待遇和录用问题进一步详谈，双方没什么问题而达成录用。当然，有的企业在谈薪资之前会对面试者进行企业文化、价值观的匹配考核，这一类的面试基本由公司高层职位的人群进行面试。

（5）发送录取通知书。

企业在薪酬、福利与求职者达到一致后，一般会通过邮件给求职者发送一份录取通知书，录取通知书会包含薪酬、福利标准、岗位名称、入职时间、入职材料等内容。收到邮件后，带好材料准时去企业办理入职，求职的过程就告一段落了。

以上内容是企业常见的面试流程，针对特殊岗位也会有一些别的流程，如技术类、研发类的岗位在初试前会安排一次笔试，通过笔试的方式考核应聘者的专业知识。如果涉及管理层的岗位，很多企业对求职者会进行背景调查，一般是在复试之后。通过背景调查主要有两个目的：一是审核申请表或个人简历上及面试时得到的信息；二是搜集应聘者可能不愿意透露的信息，如离职原因，与其他工作人员相比的工作表现，可靠或尽责的程度。因此，在这里给每一位求职的退役军人一个告诫，在面试过程中，一定不要编造虚假经历，如果企业发现经历造假，会将您的信息纳入黑名单，可能会成为未来的求职隐患。

5.3　企业常见的面试方式及应对技巧

面试的方式有很多种，如结构化面试、非结构化面试、压力面试、情景面试、行为面试、无领导小组讨论等方式。在企业面试中，常见的面试方式有非结构化面试、压力面试、情景面试、行为面试。

（1）结构化面试。

面试官提前确定好面试的题目，并对每个题目设计出答案、考核范围、考评标准，针对求职者回答的问题进行考评、打分，全面考评求职者职业背景、职业能力等方面的信息，判定求职者是否胜任这个职位。

（2）非结构化面试。

面试官向求职者提出随机性的问题，没有针对性，没有固定的形式，话题向多个方面延展。这样的面试方式过程自然，主试者可以由此全面了解被试者情况，被试者也感觉更放松，更易敞开心扉。如果求职者面对这样的面试方式，求职者不妨直接说自己的想法，只要原则性的问题不出现错误就行。

（3）压力面试。

压力面试的主要目的是确定求职者如何对工作上的压力做出反应。一般这类问题都会略带有冒犯、不尊重的感受，使应聘者感觉不舒服，面试官通常会寻找求职者在回答问题时的破绽，集中对破绽提问。应对压力面试时，应聘者需要识别问题背后的意图，根据对方的意图以自身真实的经历进行回答，不慌不忙，有理有据去应对面试官。例如，面试官问：你缺少了相关工作经验，我觉得你可能不适合我们的工作。面对这个尖锐的问题，我们首先应镇定下来，如果工作经验缺乏是事实，那么我们先承认这个事实，同时回答自身与岗位相匹配的知识、性格特点、个人特质来补充工作经验少的缺点，给对方看到自己能够胜任岗位的要素。在这个过程中，沉着冷静的态度是主考官想看到的。

（4）情景面试。

情景面试以工作相关的问题为主，假定一个工作场景，请应聘者做相应的回答。情景面试的针对性很高，应聘者面对这样的面试时应将自己融入情景中，从面试岗位的性质、内容、特点和要求出发，结合自己对岗位的理解，对面试官提出的要求做出应答。所以，在面试前，了解企业显得尤为重要。

（5）行为面试。

面试官通过求职者对自己行为的描述来了解两方面的信息：一是求职者过去的工作经历，判断其选择来公司面试的实际原因，预测其未来发展行为模式；二是了解求职者的行为模式,通过表现出来的行为模式与招聘岗位的要求是否一致,判断其在未来岗位上的胜任情况。求职者表述过去的行为时,应注意表达方式,化不利为有利。例如,面试官问求职者最大的缺点是什么?求职者如果比较粗心,在回答的时候表达为"对事物更关注于全局,有时会忽略细节",这样的表达比直接回答粗心要好得多。

(6)无领导小组讨论。

面试官对一群求职者采用情景模拟的方式进行群面,无领导小组讨论由一定数量的求职者组成,一般10人以内为一组,在固定的时间,就规定的主题进行讨论得出结果。期间没有规定求职者的角色,由大家自行安排,面试官在大家谈论的过程中,主要关注求职者的组织协调能力、口头表达能力、辩论说服能力、个性特点、反应能力、对讨论的参与度等方面的内容。从能力和个性特征两个角度对求职者表现出来的现象进行岗位匹配。

求职者在面对这个面试方式时,自信应对,积极参与讨论,将自己完全融入讨论当中。对自己发表的意见有理有据,用充分的论证证明自己的观点,同时注意倾听同组成员的陈述,虽然小组讨论不会对讨论结果划定标准答案,但是对于团队合作是一个重要的指标。

5.4　如何在面试中发挥自己的优势

求职者要想在面试过程中发挥自己的优势,首先需要了解面试官通过面试要考核的重点,其次针对这些重点都会问些什么问题,最后才是如何展示自己的优势。

面试官通过面试通常会考核三个方面的问题:求职者是否与岗位匹配,求职者是否与部门匹配,求职者是否与公司匹配。

① 求职者是否与岗位匹配,主要考核求职者的基本条件、知识技能、工作经验、职业素质是否符合岗位要求。

② 求职者是否与部门匹配,主要考核求职者自身条件是否适合职业定位,性格特征是否可以融入团队。

③ 求职者是否与公司匹配,主要考核应聘者是否认同公司理念、文化或价

值观。

针对以上三个问题，给退役军人提供几个面试常见的问题及示范作为参考。

（1）自我介绍。

典型错误：把简历复读一遍；没有提前准备好，想到什么说什么，让面试官听得很迷茫；说完基本信息之后说不出其他有价值的信息，场面极为尴尬。

建议：第一，时间分配合理。因为自我介绍时间有限，假如是五分钟的自我介绍，你要用一分钟的时间介绍自然情况(姓名、教育经历、部队经历)，最近的工作经历可用三分钟时间进行阐述，其他经历一分钟。第二，内容主次分明。介绍履历，将每个时间节点的工作单位、地点、岗位、职务、内容讲清楚，尤其是近几年以及和所应征的企业相契合的，充分突出重点。在个人业绩方面，也要有所突出，面试官一定会注意所用人能带来的业绩。第三，特长的表述。一定要介绍自己最擅长并与应聘岗位密切相关的技能，如果有其他特别突出的技能也可表达，但一定要点到为止。第四，对未来的计划。面试官会感兴趣你对自己未来的设计，合理的、具体的回答会让面试官对你寄予希望。找到过去和将来的关联点很重要，即便是过去与你计划的将来毫不相干，你仍要表达出你为转行所做出的执着和努力，以及你过去的某些特性会对将来有所帮助。

退役军人接到面试通知时，最好在家先打个草稿，自己提前练习几次，一是避免面试时由于紧张遗漏重要内容，二是为了掌握好自我介绍的时间，不要过长，也不要太短，一般 3~5 分钟为宜。自我介绍的内容主要包含以下几个方面。第一，个人情况介绍要简明扼要。如姓名、教育经历、部队经历。因为面试时间有限，在自我介绍环节，尽量将最近的工作经历作为主要介绍。第二，履历介绍时做到主次分明。不需要将每个时间节点的工作单位、职务、岗位职责和业绩都讲清楚，更多的要谈一些跟你所应聘职位有关的工作经历和所取得的成绩，以证明你确实有能力胜任你所应聘的工作职位。尤其是近几年个人业绩和行业能力描述清楚，争取找到和所面试企业相契合的点，做到重点突出，抓住面试官的注意力。第三，特长表述要目标明确。一定要介绍自己最擅长并与应聘岗位密切相关的技能，如果有其他特别突出的技能也可表达，但一定要点到为止。第四，对未来的计划要具体合理。面试官都会比较感兴趣你对未来的规划，合理的、具体的职业规划或岗位计划会让面试官觉得你激情高涨、职业性强，对你寄予希望。即便你过去没有接触到此类行业，你仍要表达出你为转行所做出的执着和努力，以及你过去的经历和经验将会对未来有所帮助。

（2）你为什么要选择我们公司？

从该公司所属的行业、发展前景、产品、企业文化等角度入手，任选一二，简单说明即可。如果求职者有短期清晰的职业规划，那么可以将你的职业规划发展与公司目前发展相关的内容进行描述，这绝对是求职者面试中的加分项。

（3）你为什么来应聘这个职位？

典型错误：我是海投简历，你邀请我面试，我就来了；没有特别的原因，当时看着合适就投了。

一定要说应聘公司的优点，看好公司未来的发展，以及这个职位怎么适合自己。这就需要你在面试前通过网络、朋友等多种渠道了解应聘公司的背景及职位相关信息，根据自身条件，重点描述自己与职位相关的工作经历和能力，强调自己能胜任目标职位。

（4）你为什么退役/要从上一家公司离职？

典型错误：抱怨部队不好、部队的暗点，抱怨上家公司领导不好，同事不好，而自己绩效好，却得不到升职加薪，这会让面试官担心你以后也会向别人抱怨他们公司，担心你的忠诚度。然而，说出真实原因，比如自己的绩效不好，被领导劝退了，虽然表现了你的诚实，但会让面试官降低对你的评价。

对于退役的选择，从自身角度出发，站在个人职业规划的角度上作答，说明未来的设想在部队中难以实现，趁着年轻退伍，到职场中历练，寻求更适合自己的道路。

对于离职来这家公司应聘，应该找到所应聘公司与上家公司的差别，然后回答，如上家公司是创业公司，业务不成熟，发展风险大，而应聘公司是有一定规模的企业，业务成熟；上家公司不仅经常晚上加班，周末也难以避免，而应聘公司加班比较少。原先的职位在上家公司越来越不受到重视，没有发展前景，而应聘公司很重视该职位。

（5）你的优点是什么？

典型错误：思考半天，说我也不知道自己有什么优点；学习能力强、有责任心、乐于助人、细心、认真、有团队意识，这类举不出具体事实的优点不要说。

要根据职位特点有针对性地回答：

① 列举出自己 3~5 个优点；

② 列举目标职位需要的优点；

③ 选出 1~2 个前面二者皆有的优点，准备好相关事实证明，在面试时详细说。

（6）你的缺点是什么？

典型错误：说自己没什么缺点，一时想不出，这说明你对自己认识不清；回答的缺点与岗位冲突太大，如应聘销售职位，说自己不太喜欢与人交流，这种与职位要求相冲突的缺点一定不要说；回答的缺点与职业道德冲突极大，说自己小心眼、爱忌妒人、非常懒、脾气大、工作效率低，这很诚实，但属于致命缺点，想得到工作就不要说，不然面试官会认为你是来找茬儿的；在工作中追求完美，工作是我最大的爱好，这类回答太虚伪，很难取信于人。

每个人都有缺点，面试官想知道的是你为了弥补缺点，做了哪些努力，取得了什么成效，怎么避免缺点对工作造成影响。你的态度、过程比结果重要。

（7）你为什么觉得自己适合这个职位？

典型错误：因为我对这份工作很感兴趣，而且我也相信自己能够做好，我工作很勤奋，也很细心，只要您愿意给我一个机会……

这是没有用的废话。面试官希望听到的是，你用事实证明自己能做好这份工作。根据目标岗位职责，阐述相关的工作经历，取得的绩效，让面试官相信你的工作能力。

（8）你对薪资有什么要求？

典型错误：说对工资没有要求，这说明你对自己没有信心，不敢谈待遇；要求一个极大超出目标职位市场价格的工资，却又不能证明自己值这个价。

提前通过网络、朋友等渠道了解该公司职位的薪资情况，再评估自己的面试表现，觉得有把握，就在薪资区间内多要点，反之保守一些，先争取到工作机会。

（9）你对未来有什么职业规划？

典型错误：说没有想过，先做好眼前的工作，这会显得你对自己的未来发展很迷茫；说想在两年内做到高管，这在一般的公司，对于一般人来说，是不可能的，会显得你好高骛远。

根据你的目标职位发展路径，了解相应的能力要求，阐述自己会如何努力，提高能力，在合理的时间内晋升为主管/经理。

面试官不是让你给出详细的发展规划，这也不可能。但是，一个对自己的未来发展有规划的人，会踏实、努力地做好当前工作，这是面试官想确认的。

（10）工作中你难以和同事、上司相处，你该怎么办？

首先我会从自身找原因，仔细分析是否自己工作做得不好，拖了团队的后腿，给别人添了麻烦，从而让领导和同事不满意。检查自己是否为人处世方面做得不好，让别人看不惯，引起别人的反感，如果是这样的话，我会努力改正；如果自己没能发现合理的原因，我会直接以坦诚的态度与领导、同事沟通，希望他们指出我的不足，并及时改正。

（11）说一件你做过的最成功或最骄傲的事。

典型错误：由于提前没准备，随便想到什么事就说什么，逻辑混乱地说出来，让面试官听不到你的重点。

首选与目标职位相关的经历，按照 star 法则，从任务产生的背景、你的工作任务、你做了什么、取得了什么结果这 4 个方面组织语言，让面试官相信你能胜任职位。

如果找不到相关经历，也没关系。面试官想知道的是你在遇到困难时，是怎么应对，以及战胜困难的过程。提前准备一个相关经历，可以不大，但一定要让人能从中看到你过硬的心理素质，处理问题的方法。

5.5　退役军人如何谈薪资

薪资关系到个人切身利益，面试中有谈薪环节，在这个过程中，保证自己的劳动所得，是每个求职者必须学会的技能。

在进行谈薪前，有一个关于企业的薪酬体系的常识需要退役军人了解。

大企业一般会有一个完整的薪酬体系，薪酬体系是根据公司未来发展目标、企业现有人才状况，结合不同岗位、不同职级设计的明确的薪酬制度。跟大企业谈薪资需要关注对方的薪酬结构，如果你面试的是基础性岗位，薪资的可谈范围不是很大。

小企业的薪酬体系没有那么系统化，相对于大企业而言，谈薪的弹性比较大。但是也需要分析自身的工作能力、岗位性质、公司发展阶段、行业属性等内容来进行判定。

谈薪有几个点需要明确：什么时候谈？跟谁谈？怎么谈？

什么时候谈？谈薪最好的时机是面试通过后人力资源的人主动跟你聊这个事情，这是谈薪的最佳时期，千万不要自己主动去谈。

跟谁谈？毫无疑问一定是人力资源，大公司有专门负责薪酬模块的薪酬专员，小公司有专门负责对接薪酬的人事专员。

怎么谈？有几个建议给大家。

（1）应聘者要对自己有明确的认识。

当你应聘一家公司的时候，你自己对这家公司做过多深的了解？如果面试到了最后人力资源跟你谈 offer 的阶段，那么作为候选人，应该知道：

① 岗位的市场行情；

② 岗位的市场需求；

③ 个人的经验、能力；

④ 企业的性质；

⑤ 应聘职位的行业基本工资水平；

⑥ 岗位的薪资构成。

在个人和行情中判断目前自己的身价，根据公司的薪资基本结构争取利益最大化。

（2）对于薪酬结构，我们需要区分基本薪资与福利。

如果面试的是业务岗位，重点关注销售提成。业务岗位底薪一般比较低，大部分的收入来源于提成。提成主要看提成方式，大部分是阶梯式提成，不同的业绩总量对应不同的提成点，体现业务岗位多劳多得。不要一味地看提成点，要参照行业的业绩量评估这个提成方式是否适合自己。同时业务岗位也包括各种津贴，注意拿到津贴的条件，结合实际做分析。

如果面试的是职能岗，一般主要有两部分：基本薪资与绩效薪资。基本薪资决定你的工资高低，绩效工资一般占总薪资的 20%，最多不超过 30%。如果绩效工资占比超过这个比例，意味着你在这个公司的收入不太有保障。你要关注绩效考核的点，以及公司职能岗位绩效完成情况。

（3）在回答人力资源关于薪酬期望值这个问题的时候会有几种众生相，可以归类如下：

① 直接告诉人力资源：我想要年薪××，月薪××；

② 婉转告诉人力资源：我想要百分之××～百分之××的增长；

③ 反问人力资源：你们这个职位可以给的薪酬是多少呢？

④ 反问人力资源：你们觉得我值多少钱呢？

⑤ 回避问题：我觉得贵公司一定有自己的薪酬标准，你们按照能够给的薪酬开个价告诉我就好了，我能接受就接，不能接受就算了。

⑥ 回避问题：我对薪酬没什么要求，更看重这个平台和发展机会。

在谈薪资的过程中，个人最喜欢第一种回答。简单粗暴，直截了当。大家能谈就谈，谈不好就算。个人的经验，给出答案一的候选人，往往是那种自我认知比较明确，目标感也很强的人。但是这个回答的难点就在于"自我认知明确"，要知道，大部分人是很难做到有自知之明的。由此，就有了后面 5 个答案。③ ④ ⑤ 三个回答是我最不喜欢的答复。

实际上，在专业面试结束之后，用人部门已经对这个候选人有了一个初步判断：录用还是不录用，薪酬预期如何。但是人力资源还是要先问候选人：你的薪酬期望值是多少？原因是用人部门的薪酬预期与候选人的薪酬预期往往是有差距的。那么人力资源就要想办法在用人部门的预期和候选人的预期之间找到一个平衡点，只有这样，录用才能成功。既不让用人部门觉得打破了内部平衡，又不能让候选人觉得自己受委屈了，影响未来的工作积极性和稳定性。

5.6　面试结束前如何询问高质量的问题

当面试官问"你有什么要问我的吗"，你该怎么回答？

如果你回答"没有"，这容易被理解为，你对应聘公司、工作岗位没有太大的兴趣，从而影响面试评价；如果问薪资、福利、是否双休、加班频率等，这些问题应该等到企业已经明确提出让你入职了，再问清楚。

推荐问以下这些问题。

（1）你在公司的一天是如何度过的？

这个问题适合于面试官是部门领导。他会很乐于讲述一天的工作，除了比较自豪和有意义的事情，也会有一些琐碎的杂事。你可以从中发现感兴趣的工作内容，同时衡量自己能否接受最无聊的工作点。

（2）能否给我介绍下公司的晋升机制？

表明你对自己的能力很自信，相信能做好当前工作，并以优秀的绩效获得晋升；同时也给了面试官一个稳定性承诺，自己愿意在这家公司长期工作，与公司一同成长。

（3）贵公司最让你自豪的企业文化是什么？

一般发展不错的公司都会有自己的企业文化。通过这个问题，你可以了解到公司提倡什么、反对什么，工作氛围是什么样的。同时在面试官表达的过程中，留意他的肢体、感情的表达。如果他讲得很兴奋、滔滔不绝，身体语言也表达出认同公司文化，那么说明公司的企业文化建设得不错，你可以自我评估能否融入这种氛围。

（4）团队/公司现在面临的最大挑战是什么？

既能引起面试官兴趣，也能让你对未来工作的挑战有一个预期。特别是当面试官是外国或海归人士时，直接一点不是坏事，可以增加印象分。

（5）未来加入团队，你对我的期望是什么？

如果面试官是你的部门领导或者老板，这个问题会让他感觉到，你是一个非常在乎他和团队，愿意倾听的候选人。这对快速建立专业的合作关系是有帮助的。你还可以初步判断出他是一个成果导向还是过程导向的领导；是一个由上至下思考还是一个由下至上思考的领导。同时了解了他对你的期望值，在以后工作中，你可以有针对性地朝某些方面努力。

第 6 章

商务礼仪

6.1　为什么要学习商务礼仪

1. 什么是礼仪

礼仪是在一定的社会关系中，人们为了互通情感、相互尊重，在仪容、仪表、仪态、仪式、言谈举止等方面约定俗成的、共同认可的行为规范。礼仪是对礼节、礼貌、仪态和仪式的统称。

中国素来有"礼仪之邦"的美称，中国的礼仪文化博大精深，总体上以其平和、中正的特征影响人们的生活。

2. 什么是商务礼仪

商务，广义的概念是指一切与买卖商品、服务相关的商业事务，狭义的概念是指商业或贸易。商务活动是指企业为实现生产经营目的而从事的各类有关资源、知识、信息交易等活动的总称。

商务礼仪，顾名思义就是在商务活动中发生的，为了体现相互尊重原则，通过一些行为准则去约束人们在商务活动中的方方面面，这其中就包括仪表礼仪、言谈举止、书信来往、电话沟通、工作接待、会面就餐等技巧。从商务活动的场合划分又可以分为办公礼仪、宴会礼仪、迎宾礼仪等。

商务礼仪的三大基本理念。

① 尊重为本。首先是自尊。自尊是通过言谈举止、接人待物、穿着打扮来体现的，只有自己自尊自爱，别人才会看得起你。在商务交往中，自尊很重要，尊重别人更重要。俗语："女人看头，男人看腰。"这里的"头"指的是女性的发型、发色，头发不能过长，不能随意披散，不要染色；这里的"腰"指的是在正式场合男性的腰上不能挂东西。

② 善于表达。商务礼仪是一种形式美，交换的内容与形式是相辅相成的，形式表达一定的内容，内容借助于形式来表现。也就是说，你对别人好，要让别人知道，可你不会表达或表达不好将事倍功半，并且你的表达要注意环境、氛围、习俗等因素。

③ 形式规范。讲不讲规矩，是企业员工素质的重要体现，是企业管理是否完

善的标志。遵守形式规范将会提高员工素质和提升企业形象。例如，上班要讲上班的规矩，办公时间不能大声喧哗，不能穿拖鞋，打电话不能旁若无人等。

以上三个理念相互融合，缺一不可，要把尊重、热情、礼貌用恰到好处的形式规范表达出来。

3. 为什么要学习商务礼仪

商务礼仪的作用概括来说就是八个字：内强素质，外强形象。良好的素质和形象，可以体现出对交往对象的尊重。商务礼仪的作用具体表述为以下三个方面。

（1）有利于塑造个人形象。

在人际交往中，礼仪不仅反映出一个人的交际技巧和能力，更反映了一个人的气质、风度和教养。一个彬彬有礼、言谈优雅的人，他在人生道路上自然受到更多人的尊重和欣赏，而他自己就如一缕春风，可以给别人带去温暖和愉悦。

 案例

　　小李和小张去见同一个客户。小李平时就很邋遢，这次去见客户还是不注意仪表，胡子没刮，身上的衣服还散发着汗味，穿着拖鞋就去见客户了。客户一看他这样，还以为他走错了门。不禁问道："你好，你是某公司小李吗？"小李直接"嗯"了一声再没多余表示就坐下了，这样的态度实在让客户很不高兴，事情自然没谈成。小张却不同，虽然和小李是同一家公司，但他平时特别注意个人面貌、穿着，发型利落，穿着西装革履，整个人看上去很大方、得体。此次他也去拜访了同一个客户，见了客户后特别有礼貌地问好，这样的表现让客户非常满意，双方交谈很愉快，事情自然谈成了。

（2）有利于塑造企业形象，有助于提高企业的经济效益。

现代市场竞争激烈，企业之间的竞争，不仅是产品质量的竞争，还是企业品牌形象的竞争。一个好的企业形象，更容易传递企业实力、经营理念和企业文化等信息，更容易在激烈的市场竞争中占据优势。树立良好的企业形象包括很多因素，其中员工的素质、礼仪修养无疑会起着十分重要的作用。每位员工都是企业形象的代言人，良好的职业形象是员工维护企业形象的关键，一个员工表现出良好的个人素养，就会为自己的企业树立良好形象，自然容易让客户感到满意，商务场合的交往会变为一件非常愉快的事情，为企业的合作奠定良好的基础。

（3）有助于建立良好的人际沟通，促进人际交往。

社会群体是人与人构成的，每一个人在社会活动中都不可避免地要与他人建立联系，进行沟通和交流，不管在工作上，还是在生活中，都需要他人的认可和帮助。良好的礼仪体现了一个人良好的素养，会散发出一种亲和力，给他人留下良好的印象，增进情感交流，进而取得他人的好感、尊重与信任。

6.2　对商务礼仪的理解误区

现代市场经济大环境下，人们越来越重视商务礼仪发挥的作用，但仍存在一些对其理解上的误区，主要有以下两大误区。

（1）商务礼仪意味着要派头。

很多人并未理解商务礼仪的真正意义，还抱有这种看法：在这么重要的场合，我们别丢了面子（派头），得好好表现一下，让大家开开眼。中国人民大学外交学教授金正昆在《百家讲谈》里讲到了一个故事，就正好反映了这种错误的看法。有一个美国商人和一个上海老板在谈一笔生意，谈判进行得很顺利，双方都很满意。在签署合作协议的时候，这个美国商人发现上海老板的双手上戴满了 10 个戒指，一下子就愣住了，因为在西方戒指佩戴有非常明确的含义，而在礼仪上也有一些讲究，而这个上海老板竟然毫不在意，一下子就戴了 10 个戒指。这个故事说明了有一部分人仍旧对商务礼仪理解不到位。

（2）商务礼仪对女性具有规范性。

中国长久以来的传统思想对女性一直比较具有约束性和规范性，而"男主外，女主内"的思想观念更是限制了女性的发展。在商务活动中，女性占据主导地位的情况相对较少，一般都是男性来主导，而在男性如此强势情况下，有一部分人理所当然地认为所谓的礼仪就只是对女性来说的，对女性才具有规范性，而男性之间不需要这么多的讲究。这当然是一种对商务礼仪理解上的误区。商务礼仪规范的是所有人，因为它的核心作用是为了体现人与人之间的相互尊重。商务礼仪既然对女性做出了仪容仪表、仪态礼仪、社交礼仪等要求，自然也会对男性做出同样的礼仪要求，男性在商务场合也要重视仪容仪表、仪态礼仪和社交礼仪等。在商务活动场合中，你尊重别人，别人才会尊重你。

6.3　商务礼仪的规范内容

1. 商务礼仪的 3A 原则

商务礼仪的 3A 原则，即 accept（接受对方）、appreciate（重视对方）、admire（赞美对方），是美国学者布吉林教授等人提出的，因此又称为"布吉林 3A 原则"，其主要内容就是如何把对别人的友善通过三种方式恰到好处地表达出来。

（1）Accept（接受对方）。

在商务活动场合中，要诚恳地接受对方，宽以待人，不要让对方难看。在交谈时应注意以下几点：① 不要打断别人谈话，尤其是对方正在阐述一个观点时，贸然打断对方会让对方很难堪。正确的做法是应该等对方阐述告一段落，征询对方你是否可以讲话，之后再表达自己的看法。② 不要轻易补充对方的话，要充分满足对方表达与倾诉的意愿，针对一个话题谈论时不要总是插话。③ 不要随意更正对方，并不是所有的事物都只有对和错，尽量去接受对方的观点，不要只找对方的不足并当场更正。

（2）Appreciate（重视对方）。

重视对方就是对他人的尊重，在人际交往中重视对方要讲究技巧，如要善于使用尊称"您"；要记住对方的名字，接过对方名片后要认真看。

（3）Admire（赞美对方）。

在商务交往中，要适当地给予对方赞美和肯定，这样可以增进沟通、化解交流障碍，营造一种愉悦的人际交往氛围。赞美对方要把握一定的原则：要实事求是，不能太夸张；赞美要适用对方，夸到点子上。否则，只会让对方感觉你不真诚。

2. 具体的礼仪规范

1）仪表礼仪

讲究个人卫生、保持衣着整洁是仪表礼仪的最基本要求。

（1）仪容。

男士要注意仪容细节整洁，如眼部、鼻腔、口腔、胡须、指甲等。女士要适度而得体地化妆，工作中以化淡妆为宜（除特定的活动场合），注重自然和谐，不宜浓妆艳抹、香气逼人。如图6-1所示。

图6-1　标准仪容示范

（2）发型。

发型是仪表礼仪的重要部分。发型的选择要适宜，根据自然、大方、整洁、美观的原则，既要观察发型的流行趋势，又不能盲目追赶潮流，重要的是应该考虑到自己的年龄、性别、职业、性格、体型、发质和脸型等。整洁、得体、大方的发型易给人留下神清气爽的美感。同时要注意保持头发整洁，烫发、染发要谨慎处理。

（3）服饰。

服饰应遵循国际通行的"TPO"原则。T（time）表示时间，即穿着要适时。不仅要考虑时令变换、早晚温差，而且要注意场合要求，尽量避免穿着与季节或场合格格不入的服装。P（place）表示场合，即穿着要应地。上班要着符合职业要求的服饰，重要的社交场合应穿庄重的正装。O（object）表示着装者和着装目的。要根据自己的工作性质、社交活动的具体要求、自身形象特点来选择服装。

男士穿着西装比较讲究，应注意以下几个方面。

① 西装的衬衫。衬衫一般应选用硬领尖角式的，领口一定要挺直，而且要比外套的领子高出 1.5 cm 左右，并贴紧。颜色以纯色的为佳，其中白色为最容易搭配的颜色。衬衫袖口应长出西装袖口约 2 cm。衬衫下摆要塞进裤子里，不要散在外面。衬衫配领带时，应把所有的扣子系上，不能将袖子卷起。如不系领带时，衬衫最上面的扣子应不扣。

② 西装的外套。新买来的西装在穿着之前，要把袖子上的商标（小布条）剪掉。西装在穿着时，要注意单排扣西装在非正式场合可以不扣，以示飘逸的风度，在正式场合中可以扣上面一粒或两粒扣，以示端庄。而双排扣在穿着时要全部扣上，坐下时可以解开下面的扣子，以免坐久了衣服会弄皱，但站起来时不要忘记扣好下面的扣子。切忌只扣最下面一粒，也不宜只扣下面两粒。西装外套上的口袋只是装饰性的，一般不装东西以保持平整挺拔。西装外套左胸的口袋，只可插鲜花或手帕，切忌把钢笔、记事本等装在左胸口袋，这些小物品可放在外套左右胸内侧口袋里。

③ 领带。领带对西装起着画龙点睛的作用。首先要注意领带的色彩，要与外套协调搭配。领带系好后，其长度以大箭头垂到腰带下沿处为佳，可上下浮动 3 cm 左右。领带夹一般夹在衬衫的第三、四粒扣子中间，也可将领带夹别在里面而不外露，只起固定作用。如果穿马甲或毛衣，一定要把领带放在毛衣、马甲里面，还要注意毛衣、马甲的下摆切不可塞进裤子里面，以免臃肿不堪。

④ 西装的长裤。西装的长裤以裤脚接触脚背，一般达到皮鞋后帮的一半为佳。裤线要清晰、笔直。裤扣要扣好，拉链全部拉严。

⑤ 配套的鞋袜。穿西装一定要配皮鞋，千万不要穿凉鞋、布鞋、旅游鞋等，而且皮鞋要擦亮。黑色皮鞋可配各种颜色的西服，其他色彩的皮鞋要与西服的颜色相同或接近才能相配。配袜子也应讲究，不可忽略。袜子的色彩应采用与皮鞋相同或接近的颜色，切忌选配浅色袜子。

女士穿着选择性较多，但最基本的应体现品位与风采，要注意以下几个方面。

① 视自己的身材而定。根据自己实际的个头高矮、身材胖瘦来搭配合适的衣服。如身材矮胖的人，应避免选择过于鲜艳和大花、大格子的衣服，而应穿着垂直线条式样、颜色素雅、剪裁合体的服装。

② 视自身的肤色而定。整体搭配要以显得皮肤状态较好为主，给人容易留下一个好的印象。如肤色偏黑的人最好选颜色素雅、较明亮的颜色，可达到装扮得当的效果。

③ 衣着搭配要协调。一般来讲，上衣与下装的质地款式应相配，还要讲究色彩的和谐统一。

④ 服装与鞋子加以搭配，如套装配高级皮鞋，运动装配旅游鞋等。

（4）饰品。

佩戴饰品要讲究色质搭配，与场合、身份相适应，且数量不宜超过 3 种。

2）仪态礼仪

仪态，指人在行为中的姿势、举止和动作，它反映一个人的性格、心理、情感、素养和气质。

（1）站姿。如图 6–2 所示。

图 6–2　标准站姿示范

站姿是最容易表现一个人的体态特征的姿势，要求做到"站有站相"。正确的站立姿势应是：端正、庄重、具有稳定性。站立时的人，从正面看去，应以鼻为点与地面作垂直状，人体在垂直线的两侧对称，表情自然明朗。同时要注意防止不雅站姿。

① 上身。歪着脖子、斜着肩或一肩高一肩低、弓背、挺着腹、撅臀或身体依靠其他物体等。

② 手脚。两腿弯曲、叉开很大及在一般情境中双手叉腰、双臂抱在胸前、两手插在口袋等。

③ 动作。搔头抓痒，摆弄衣带、发辫，咬指甲等。

（2）坐姿。

坐姿是在人际交往中最重要的人体姿态，它反映的信息非常丰富，要求做到"坐有坐相"。优美的坐姿是端正、优雅、自然、大方的。入座时，要走到座位前面再转身，然后右脚向后退半步，再轻稳地坐下，收右脚。入座后，上体自然坐直，双肩平正放松，立腰、挺胸，两手放在双膝上或两手交叉半握拳放在腿上，亦可两臂微屈，掌心向下，放在桌上。两腿自然弯曲，双脚平落地上。男士双膝稍稍分开，女士双膝必须靠紧。两脚平行，臀部坐在椅子的中央。男士可坐满椅子，背部轻靠于椅背。双目平视，嘴唇微闭，微收下颌，面带笑容。起立时，右脚向后退半步，而后直立站起，收右脚。如图6-3所示。

标准式　　　　　侧腿式　　　　　重叠式　　　　　前交叉式

图6-3　标准坐姿示范

要坚决避免以下几种不良坐姿。

① 就座时前倾后仰或歪歪扭扭、脊背弯曲、头过于前倾、耸肩。

② 两腿过于叉开或长长地伸出去，萎靡不振地瘫坐在椅子上。

③ 坐下后随意挪动椅子，在正式场合跷二郎腿时摇腿。

④ 为了表示谦虚，故意坐在椅子边上，身体萎缩前倾地与人交谈。

⑤ 大腿并拢，小腿分开，或双手放在臀下，腿脚不停地抖动。

（3）行姿。

行走是人生活中的主要动作，从行姿就可以看出一个人的精神状态及精神面貌。

标准的行姿要求：行走时上身挺直，双肩平稳，目光平视，下颌微收，面带微笑；手臂伸直放松，手指自然弯曲；手臂摆动时，以肩关节为轴，上臂带动前臂，向前、后自然摆动；身体稍向前倾，提髋屈大腿，带动小腿向前迈。如图6-4所示。

图6-4 标准行姿示范

注意矫正不雅的行姿。

① 内八字和外八字。

② 弯腰驼背，歪肩晃膀。

③ 走路时大甩手，扭腰摆臀，大摇大摆，左顾右盼。

④ 双腿过于弯曲或走曲线。

⑤ 步子太大或太小；不要脚蹭地面、双手插在裤兜或后脚拖在地面上行走。

⑥ 男士的行姿像小脚女人走路一样，一步一挪，或像闲人一样八字步迈开，

会给人以萎靡不振的感觉。

（4）蹲姿。

① 交叉式蹲姿。下蹲时，右脚在前，左脚在后，右小腿基本垂直于地面，全脚着地，左腿在后与右腿交叉重叠，左膝由后面伸向右侧，左脚跟抬起，脚掌着地，两腿前后靠紧，合力支撑身体。臀部向下，上身稍前倾。如图 6-5（a）所示。

② 高低式蹲姿。下蹲时左脚在前，右脚稍后，两腿靠紧往下蹲。左脚全脚着地，小腿基本垂直于地面，右脚脚跟提起，脚掌着地。右膝低于左膝，右膝内侧靠于左小腿内侧，形成左膝高右膝低的姿势，臀部向下，基本上靠一只腿支撑身体。如图 6-5（b）所示。

(a)　　　　　　　　　　(b)

图 6-5　标准蹲姿示范

需要注意：下蹲时一定要注意不要有弯腰、臀部向后撅起的动作；切忌两腿叉开，两腿展开平衡下蹲，以及下蹲时露出内衣裤等不雅的动作，以免影响你的姿态美。因此，当要捡起落在地上的东西或拿取低处物品的时候，不可有只弯上身、翘臀部的动作，而是首先走到要捡或拿的东西旁边，再使用正确的蹲姿，将东西拿起。

（5）递物。

递交物品时，请把握三原则：安全、便利、尊重。递交物品时一般要求和颜悦色，并说："请接好""请用茶""请收好"之类的礼貌语，还要注意目光的交流，双方最好处于"平视"状态，尽量避免"俯视"时的傲慢、施舍之意或"仰视"时的畏惧、讨好之态。

① 若递刀、递笔给别人，就必须"授人以柄"，千万不要把刀尖、笔尖对着他人递过去，要令人有安全感并使对方很方便地接住，还要等对方接稳后才能松手，这就是尊重他人的表现。

② 端茶递水最好双手递上，注意不要溅湿他人；要讲究卫生，捧茶杯的手不要触及杯口上沿，避免客人喝水时嘴唇碰到你手指接触过的地方。

③ 递交书本、文件，也要尽量双手递上，让文字正向朝着对方，方便对方看清文字，使对方一目了然。

（6）其他行为。

行为举止应恰到好处。行为举止的三要素：情境、角色、距离。

① 随情境变化：在办公室与在运动场、朋友聚会与商务谈判，所表现出来的举止神态应截然不同，根据所处情境适时变化。

② 有角色意识：切忌主次不分、没大没小、反客为主。

③ 有距离概念：在社交活动中，人与人之间保持距离的远近具有特定的含义。例如，距离 75 cm 左右是"个人界域"，意为亲切、友好、融洽，适合于朋友、同志、同事之间的谈心。

（7）行礼。

① 鞠躬。鞠躬是我国古代传统礼节之一，至今仍是人们见面表示恭敬、友好的一种人体语言，常用于婚丧节庆、演员谢幕、演讲、领奖等场面以及下级对上级、服务员对客人、初次与朋友见面等场合。特别是在大众场合个体与群体的交往时，个人不可能和许多人逐一握手，则以鞠躬代之，既恭敬，又节约时间。如图 6-6 所示。

② 拱手（抱拳）。拱手礼是一种极具民族特色的礼节，而且它既可以避免人数众多时握手的不便，又可以不受距离的限制，特别适用于春节拜年、单位团拜、亲朋好友聚会或向别人祝贺时。如图 6-7 所示。

15°　　　　　45°　　　　　90°

图6-6　标准鞠躬示范

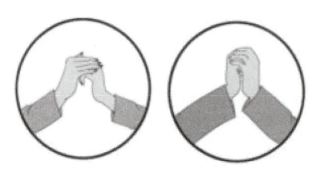

图6-7　标准拱手（抱拳）示范

③ 起立。这是向尊长、来宾表示敬意的礼貌举止。常用于开会时对重要领导、来宾、报告人到场时的致敬。平时，坐着的位低者看到刚进屋的位尊者，坐着的男子看到站立着的女子，或者在送他们离去时，也都要用起立以表示自己的敬意。

3）谈吐礼仪

（1）交际用语。

注意不同的场合、场景、交往对象应用不同的礼貌用语，比如初次见面应说"幸会"，看望别人应说"拜访"，等候别人应说"恭候"，请人勿送应用"留步"，麻烦别人应说"打扰"，请人帮忙应说"打扰"，托人办事应说"拜托"等。还有一类特定的表达是出于特定的需要和惯例。如"久仰大名""光临寒舍""蓬荜生辉"等这些约定俗成的社交客套话，是对别人的尊敬，是一种不失礼貌的表现。

（2）情感表达。

人是最富有情感的高级动物，说话最讲究情感。

① 态度诚恳。与人交谈时，神情应专注，态度应诚恳、亲切。表示祝贺时，表情应热情。

② 善于聆听。当对方说话时，我们应认真听，并经常有一些交流的体态语，如点头等，这样可使对方觉得自己受到重视。

③ 细微有别。人类的语言很丰富，一字之差便在情感上千差万别，因此要注意说话用词。

④ 严于律己。说话者要有换位思维，设身处地为他人着想，严于律己，宽以待人。

（3）表达技巧。

① 注意措辞。有的场合需要委婉，有的场合可以直来直去。

② 学会幽默。适当的幽默可以增强气氛。

（4）称呼。

称呼反映着自身的教养和对别人的重视与尊重。称呼的类型主要有以下几种。

① 职业化称呼。以交往对象的职务、职称等相称，如"某经理""某老师"等，表示身份有别。

② 姓名类称呼。第一种是连名带姓称呼，显得比较生硬，只在开会等少数场合使用；第二种是只呼其姓，并在姓前加上"老、小"等前缀，如"老张""小黄"，比较随和，也较常用；第三种是其姓加后缀，如"王老"之类则尊敬有加，只能对德高望重者；第四种是只称其名，比较亲切，常用于长辈称呼晚辈，在亲友、同学、同事、邻里之间使用。

③ 泛称性称呼。对未知其姓名职务身份者，可用泛尊称。在公司、服务行业对男士称"先生"、对已婚女性称"女士"；购物、问路等场合常用"同志、师傅、老板"之类的泛称，也可用"大哥""大姐""叔叔""阿姨"之类带亲缘性的称呼，显得更为亲切。

4）电话礼仪

（1）打电话礼仪。

① 不打没有准备的电话。打电话时要有良好的精神状态，切忌边吃东西边打

电话。拿起听筒前，应明白该说什么，思路要清晰，要点要明确。

② 选择合适的通话时间。原则是尽量不打扰对方的作息。通话时间要控制，尽量长话短说。不适宜打电话的时间：三餐时间；早七点（假日八点）以前，晚十点以后；对方临出门上班时、临下班要回家时。这些时间都不宜打电话，除非万不得已的特殊情况。切忌半夜三更打电话，以免惊扰对方及其家人。

③ 注意说话礼貌。音量要适中，以对方听得清晰为准。语速要稍缓，语气应平和，给对方以亲切感。一般而言，接通电话后，应立即作简要的问候、自我介绍并说出要求通话的人，切忌说"你知道我是谁吗？猜猜看!"之类的话。打电话始终要用礼貌语，常用的有："您好""我说清楚了吗""谢谢""再见""晚安"等。

（2）接电话礼仪。

① 及时接电话。电话铃声响 3 遍之前就应接听。

② 确认对方需求。拿起话筒，首先以礼貌用语，通报自己的单位名称。在办公室接电话，切忌旁若无人，影响他人工作。如果对方要传呼别人，接听者应该热情地告诉对方，如："好的，请稍候。" 然后用手捂住受话器，或去请或直接把话筒递给被传呼人。如果被传呼人不在场，接听者应委婉地说："需要帮您转告吗？""可以留下您的电话吗？"，切忌以一声"他不在""没看到他"即挂断。

③ 要备好纸和笔，以便随时记录打电话方的留言。

④ 接到打错的电话要亲切地说："对不起，您打错了。"

⑤ 当电话交谈结束时，以"再见"之类的礼貌语结束。放下话筒的动作也要轻缓。如果话音刚落，你就"啪"的一声扣上听筒，可能会使你前面的礼貌前功尽弃。一般是让尊者或由打电话方先放下自己的话筒。

（3）手机礼仪。

手机礼仪既有电话礼仪的共性，还有其特殊规范。手机的基本特点在于移动性，但可能会把噪声带到任何场所，因此手机使用者要特别注意顾及他人。不该响时，要调成静音，绝不让它响。在特殊场合，如在开车、开会、讲课、表演、会谈，乘飞机、公交车等场合需要注意手机的使用。

5）介绍礼仪

介绍礼仪的种类一般分为自我介绍、居中介绍、集体介绍和会议介绍四类。

（1）自我介绍。尽量先递名片给对方再介绍，自我介绍时要简单明了，一般在1分钟之内完成。介绍内容规范，按场合的需要把该说的话说出来。

自我介绍的顺序一般有以下几种。

① 主人和客人之间，主人先做介绍。

② 长辈和晚辈之间，晚辈先做介绍。

③ 男士和女士之间，男士先做介绍。

④ 想与对方结识者，先自己做介绍。

（2）居中介绍。

居中介绍是由他人引荐的相识过程。可以是两人都被介绍，也可只介绍某一方给另一方。

① 居中介绍人：家庭聚会时女主人为介绍人，社交活动时对口人员为介绍人，公务活动时专业人士为介绍人。

② 居中介绍的礼仪顺序：主人与客人之间，先介绍主人；长辈与晚辈之间，先介绍晚辈；上级与下级之间，先介绍下级；职务高者与职务低者之间，先介绍职务低者。

（3）集体介绍。

① 集体与集体之间的介绍：两个集体，一般是先介绍地位低的，再介绍地位高的。地位低的一般是东道主，地位高的一般是客人。

② 集体与个人之间的介绍：先介绍地位低的，再介绍地位高的。

（4）会议介绍。

会议开场人物介绍顺序：举办各类会议开场时，先介绍职位高、权力高的人物，再依次介绍职位低、权力低的人物。会议介绍的注意事项一般有以下几点。

① 为他人介绍时，要注意顺序。应先把男士介绍给女士，把年轻者介绍给年长者，把地位低者介绍给地位高者，把未婚的女子介绍给已婚的妇女，把儿童介绍给成人。

② 作为被介绍者，应当表现出结识对方的热情，目视对方。除女士和年长者外，被介绍时一般应起立。在宴会桌上和会谈桌上一般只需微笑点头有所表示即可。

③ 介绍具体的人，要用敬辞。如"王小姐，请允许我向您介绍一下，这位是刘先生"。同时还应该礼貌用手势示意，而不要用手指去指点。

6）握手礼仪

握手礼仪是在交际场合经常使用、适应范围较广泛的通用社交礼节。

握手礼仪的种类一般包括见面握手礼仪、分别握手礼仪、祝贺握手礼仪、慰问握手礼仪、致谢握手礼仪五类。

（1）握手的顺序。

① 上下级之间，上级伸手后，下级再趋前接握。

② 宾主之间，客人抵达时主人应向客人先伸手，客人离开时客人先伸手。

③ 长辈晚辈之间，晚辈等长辈先伸手之后再握。

④ 男士与女士之间，男士等女士先伸手之后再握。

⑤ 已婚与未婚之间，未婚者等已婚者伸手之后再握。

（2）握手的方法，如图6-8所示。

图6-8　标准握手示范

① 一定要用右手握手。

② 要紧握双方的手，时间一般以1～3 s为宜。过紧地握手，或是只用手指部分漫不经心地接触对方的手都是不礼貌的。

③ 握手的标准是行至对方1 m处，双腿立正，上身略向前倾，伸出右手，手

掌与地面垂直，四指并拢，拇指张开与对方相握。

④ 握手要手指尖稍稍向下，上下轻轻晃动三四次，随即松开手，恢复原状。

⑤ 握手时双目应注视对方，微笑致意或问好，多人同时握手时应按照顺序进行。

（3）握手的注意事项。

① 握手力度应稍许用力，以不握痛对方的手为限度。一般性握手时不必用力，握一下即可。

② 握手时间的长短，可根据双方亲密程度灵活掌握。初次见面一般在3 s 之内，时间太短会被误以为傲慢、敷衍。异性握手不宜时间太长。

③ 被介绍之后，最好不要立即主动伸手。年轻者、职务低者被介绍给年长者、职务高者时，应根据年长者、职务高者的反应行事，即当年长者、职务高者用点头致意代替握手时，年轻者、职务低者也应随之点头致意。和年轻女性或异国女性握手，一般男士不要先伸手。

④ 在任何情况下，拒绝对方主动要求握手的举动都是无礼的，但手上有水或不干净时，应谢绝握手，同时必须解释并致歉。

⑤ 握手忌讳心不在焉、不脱掉手套、用左手握、交叉握手、拒绝握手、小动作、过于紧握、搓手、摇晃、一只手抄兜、手持烟等。

7）拜访礼仪

（1）拜访前：事前与被访者电话联系。联系的内容主要有四点。

① 自报家门（单位、姓名、职务）。

② 询问被访者是否在单位（家），是否有时间或何时有时间。

③ 提出访问的内容（有事相访或礼节性拜访），使对方有所准备。

④ 在对方同意的情况下，定下具体拜访的时间、地点。注意要避开吃饭和休息特别是午睡的时间。最后对对方表示感谢。

（2）拜访中。

① 要守时、守约。

② 讲究敲门的艺术。要用食指敲门，力度适中，间隔有序敲三下，等待回音。如无应声，可再稍加力度，再敲三下，如有应声，再侧身隐立于右门框一侧，待

门开时再向前迈半步，与主人相对。

③ 主人不让座不能随便坐下。如果主人是年长者或上级，主人不坐，自己不能先坐。主人让座之后，要口称"谢谢"，然后采用规矩的礼仪坐姿坐下。主人递上烟茶要双手接过并表示谢意。如果主人没有吸烟的习惯，要克制自己的烟瘾，尽量不吸，以示对主人习惯的尊重。主人献上果品等，要等年长者或其他客人动手后，自己再取用。即使在最熟悉的朋友家里，也不要过于随便。

④ 跟主人谈话，语言要客气。

⑤ 谈话时间不宜过长。起身告辞时，要向主人表示"打扰"的歉意。出门后，回身主动伸手与主人握别，说："请留步。"待主人留步后，走几步，再回首挥手致意"再见"。

8）接待礼仪

（1）对接待工作的认识。

接待工作的作用：接待是体现企业文化、展示企业实力的一种途径。客人对企业的第一印象就来源于接待工作，其中就包括没来之前的电话联系和下飞机、火车、汽车后的第一次见面接待。高质量的接待工作有利于双方加强沟通和合作，有利于提高工作效率和效益。

（2）接待工作的具体要求。

接待工作是一项复杂的系统工作，要坚持七项原则。

① 坚持以客为本。要事先了解、掌握客人在饮食起居等生活方面的习惯及爱好，以此来安排客人的餐饮、住宿以及行程，做到人性化、优质化的服务，这样才能使客人满意，才能使接待工作达到效果。

② 坚持对等接待。根据宾客的身份、来访目的、要求和内容，本着统一标准、对等接待的原则进行接待。

③ 坚持热情周到。来宾无论职务高低，都要热情接待，让被接待方充分感受到尊敬、礼貌、友好、热情、方便，心情舒畅。

④ 坚持勤俭节约。在做好接待的同时，要厉行节约、禁止奢侈浪费。

⑤ 坚持分层次接待。根据宾客的身份、来访目的、要求和内容，应事前拟定

接待方案，确定接待规格。要根据级别和重要程度，安排住宿宾馆和餐饮酒店。注意不要所有层次的客人都入住高档酒店。

⑥ 体现人文特色。要精心设计行程路线。

⑦ 提高保密意识。与接待交往中，要谈吐文明，说话要符合自身身份，不得出卖、泄露企业的商业机密，维护企业利益。

（3）接待工作的关键：细节决定成败。

（4）接待工作的程序。

① 迎送。

② 接待准备。

③ 会谈和会见。

④ 安排入住。

⑤ 安排参观和考察等活动。

⑥ 安排宴请。

（5）接待工作的常用礼仪。

① 名片礼仪。自己递名片，名片必须干净，没有折痕和损坏，名片面对对方，双手递送。接收别人名片时，要注意四点：第一，他人递名片给自己时，应起身站立，面含微笑，目视对方；第二，接收名片时，双手捧接，或以右手接过，不要只用左手接过；第三，接过名片后，要从头至尾把名片认真默读一遍，意在表示重视对方；第四，接收他人名片时，应使用谦辞敬语，如"多关照"。

② 餐桌礼仪。第一，入座的礼仪。先请客人入座上席，再请长者入座客人旁，依次入座。入座时要从椅子左边进入。入座后先不要着急动筷子。第二，等大多数客人到齐后，将菜单供客人传阅，并请客人点菜。第三，进餐时，先请客人、长者动筷子，吃饭时不要出声音。第四，进餐时不要打嗝。如果出现打喷嚏等不由自主的声响时，要说一声"真不好意思""对不起""请原凉"之类的话，以示歉意。第五，如果要给客人或长辈夹菜，最好使用公筷，也可以把距离客人或长辈远的菜肴送到他们跟前。如果同桌有领导、老人、客人的话，每当上来一个新菜时就请他们先动筷子，或者轮流请他们先动筷子，以表示对他们的重视。第六，

要适时地和左右的人聊几句风趣的话，以调和气氛，不要光顾着吃饭，不管别人，也不要狼吞虎咽地大吃一顿，更不要贪杯。第七，最好不要在餐桌上剔牙。如果要剔牙时，就要用餐巾或手挡住自己的嘴巴。第八，要明确此次进餐的主要任务。要明确以谈生意为主，还是以联络感情为主，或是以吃饭为主。如果是前者，在安排座位时就要注意把主要谈判人的座位相互靠近便于交谈或疏通情感；如果是后者，只需要注意一下常识性的礼节，把重点放在欣赏菜肴上即可。第九，盛饭端茶给别人，若中间隔人，不要从别人面前经过递送，要从别人后面绕过递送。第十，与别人碰杯时，自己的杯子要低于对方，特别对方是长辈或领导时。第十一，最后离席时，必须向主人表示感谢，或者邀请主人以后到自己家（公司）做客，以示回敬。

（6）座席安排。

一般来说，吃饭和正式谈判以右为尊，主席台、会谈、开会等均以左为尊。

① 宴请就餐座次主要有以下几种方式。

方式一：设主陪、副主陪式，如图6-9所示。

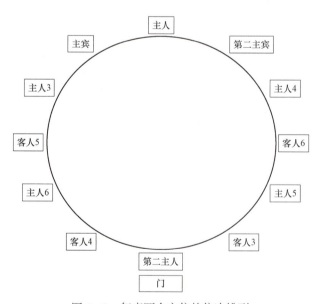

图6-9　每桌两个主位的位次排列

方式二：只设一个主陪（此种方式适合客人较少，如只有 2～3 位客人），如图 6-10 所示。

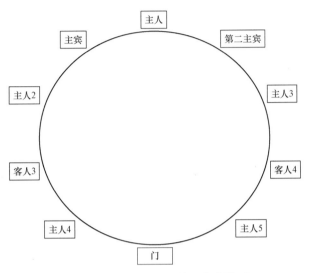

图 6-10　每桌一个主位的位次排列

方式三：长条桌型宴请座次，如图 6-11 所示。

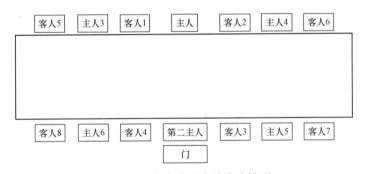

图 6-11　长条桌型宴请座次排列

② 主席台座次：当主席台人数为奇数时，领导 1 号居中，其他左右依次排列；当主席台人数为偶数时，领导 1 号、2 号同时居中，其他左右依次排列。

主席台人数为奇数时，座次顺序如图 6-12 所示。

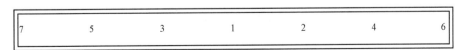

图 6-12　主席台人数为奇数

主席台人数为偶数时，座次顺序如图 6 – 13 所示。

图 6 – 13　主席台人数为偶数

③ 会议座次如图 6 – 14 所示。

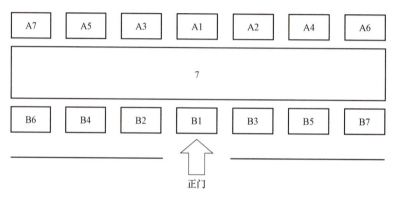

注：A为上级领导或外宾席，B为主方席。
当A为外宾时，A3与B3分别为客方与主方译员。

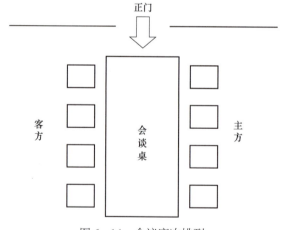

图 6 – 14　会议座次排列

④ 座谈座次如图 6 – 15 所示。

B2
B1
A1
A2
B3
B4
A3
A4

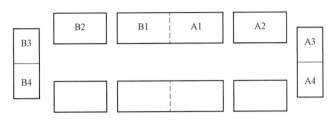

注：A为上级领导，B为主方领导。

图 6－15　座谈座次排列

⑤ 乘车座次分为乘坐轿车和中巴两种，如图 6－16、图 6－17 所示。

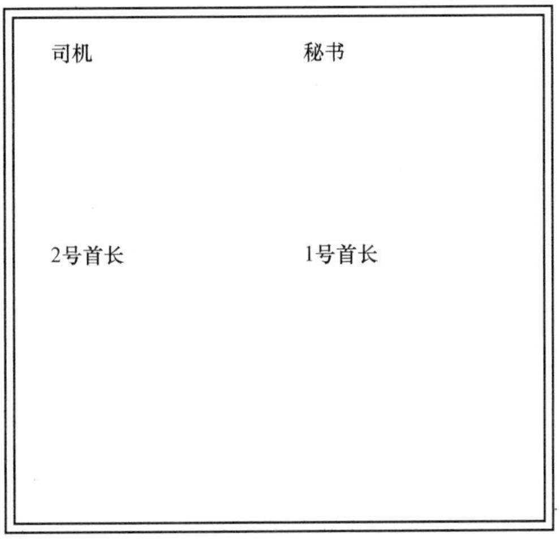

司机
秘书
2号首长
1号首长

图 6－16　乘坐轿车座次排列

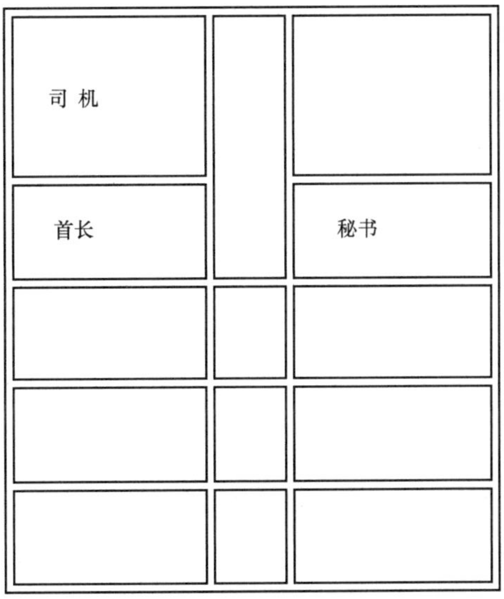

司 机
首长
秘书

图 6－17　乘坐中巴座次排列

9）西餐礼仪

（1）服饰要求。

女士穿着套装、正式装或指定宴会装，搭配高跟鞋；男士穿着商务套装或指定宴会装。手提包可以放在背后和椅子之间或大腿上（餐巾下），若是邻座无人，可以将手提包放在邻座椅子上。

（2）就餐入座原则。

女士优先；椅子左侧入座，重心在西餐座椅 2/3 处，坐姿得体。

（3）餐具使用。

① 餐巾。餐巾的作用：承挡在用餐过程中可能滴落下来的汤汁或食物，也可用来遮挡喷嚏或者轻拭嘴上、手上的油污。餐巾的两种使用方法：午餐巾布，是全部打开铺在大腿上；晚餐巾布，则是对折成三角形，开口朝外放在大腿上。

② 餐巾含义。已经使用的餐巾要一直放在大腿上，如果中途不得已暂时离席，应将餐巾叠好放在椅子面上，即表示你仍会回来继续用餐；如果你将餐巾放在了餐桌上，表示你已用餐完毕。

③ 刀叉正确使用方法。第一，左手持叉，右手持刀；第二，由外向内取用刀叉；第三，餐间休息，将刀叉交叉置于餐盘内；第四，用餐结束，刀叉平行置于餐盘内；第五，与人交谈时，请勿手舞刀叉。

④ 玻璃杯具的正确使用。郁金香杯——红葡萄酒、白葡萄酒；香槟杯/漏斗杯——香槟；直筒玻璃杯——水杯。

（4）用餐流程。

头盘（冷热两种，有鱼子酱、鹅肝酱等）—汤（清汤、奶油汤、蔬菜汤和冷汤四类）—副菜（水产类、蛋类、面包类、酥盒类）—主菜（肉禽类）—蔬菜类—甜品—咖啡。

（5）注意事项。

① 切割食物时双肘下沉，手肘不要离开桌子。

② 切割食物时不要弄出声响。

③ 食物大小入口为宜，保持食用姿势优雅。

10）礼仪禁忌

（1）言而无信。不要言而无信，既然承诺了就一定要做到，不要只是图一时方便和嘴上痛快。

（2）恶语伤人。要避免恶语伤人，当对方脾气一触即发时，要临时回避，使对方找不到发泄对象，并逐步消气。回避并不等于"妥协"，而是给对方冷静思考的机会，同时也证明了自身的修养。

（3）不沟通。在矛盾发生之前或产生苗头之后，双方坐下来进行冷静的交流，借以消除双方的误解或矛盾。

（4）容易生气。不要随便生气，遇事要冷静思考，学会"换位"思想，冷静地站在对方的角度考虑考虑。

（5）制造流言蜚语。在人际交往中，不要干涉别人的隐私，不要主动传播小道消息，不要落井下石等。

（6）开过分的玩笑。开玩笑是常有的事，切记要适度。

6.4　退役军人如何展现职业形象

退役军人是一群特殊群体，大多数军人已经长时间脱离社会，部队中礼仪规范不再适合步入社会后一些人际交往需要的礼仪规范，因此，了解并学习商务礼仪，展现一种职业形象，对退役军人来说显得十分重要。

1. 外在：军装换为西装

一名退役军人，从军营到社会，从战场到职场，从军装到西装，体现了一个退役军人的转变。军装是在部队的形象，而西装是你在社会、职场的形象。退役军人离开军营走向社会，依然需要遵照社会的行为规范去创造生活、改善生活，将对部队的留念转变为对生活的拼搏，穿上西装，走入职场，调整自己，适应社会。

有中国 IT 第一人，中国企业界"教父"美誉的联想集团董事长柳传志就是军装换西装的成功典范。他曾坦言："企业成功跟我有一定关系，但不是全部。这一定的关系中，跟我在军队里养成的性格又有一定的关系。"从柳传志的话语之间，可以看出创始人军人出身的背景对于一个企业发展和管理的影响。

银票网创始人兼总裁易德勤，也是一名退役军人。他曾在《朝闻天下》接受采访中说："参军是为了报效国家，做金融行业也是，只是两种截然不同的方式。现在我要带领着银票网一起保卫祖国这个大家，只要在国土的任何一个地方，我认为这都是我的家。"他这么说了，也这么做了。在企业内部积极开展军训行动，凝聚团队向心力；开展多项公益活动，慰问抗战老兵等，办企业不弃军人情怀，在现代社会显得尤为珍贵。

2. 状态：严肃转成柔和

军人留给人的印象永远是严肃、冷峻的，提到军人想到的词语总是棱角分明、刚正不阿、正义凛然、威风凛凛等充满正义正气的。军营塑造了钢铁一般的军人队伍，保家卫国，流血流汗。然而在社会上，尤其是人际交往中，表现出棱角分明、刚正不阿、正义凛然、威风凛凛等形象都容易与人产生一定的距离感，多点表情、多点微笑、多点温柔，更容易引起人的好感，缩小人与人交往的距离，获得亲近，有助于融入社会生活和工作中。

一起做个小测试，下面的人物形象谁对你更有亲近感呢？

第 7 章
劳 动 法 律

知法　懂法

7.1　退役军人与企业签订劳动合同的法律注意事项

（1）签订劳动合同时，劳动者首先要弄清企业的基本情况，判断其是否是合法企业，企业的法人代表姓名、企业地址、联系方式，这些信息可以通过上网查询工商登记信息获取，同时，要求将这些内容明确写在合同中。

（2）劳动者要弄清自己的具体工作，并在合同中表明工作的内容和具体地点。例如，陈某家住北京海淀区四季青桥附近，她到离家很近的一个连锁超市应聘并就职。过了一段时间，公司将她调到大兴区的连锁店工作，因而产生纠纷。因合同上只写了陈某要在北京工作，使这起劳动争议案的焦点是合同约定的工作具体地点不详，导致陈某败诉。再如，赵某应聘某汽车厂担任总装调试工，这是技术活儿，工资较高。后来，企业将他调到一个非技术的低薪岗位，他不愿意干，与企业发生劳动争议后，因合同上写的是赵某在公司担任操作工，这是一个范畴很广的工种，并没有明确具体的工作性质，导致赵某败诉。

（3）劳动报酬要定清楚，避免口头约定。如标准工资是多少？有没有奖金？奖金是根据什么标准发放的？这些数据一定要在合同中体现，不要轻信老板的口头承诺。小李到一家私企工作，合同上的工资是每月三千多元，老板承诺他每月能拿到四千多元的工资。工作几个月后，小李拿到的还是每月三千多元，因而产生纠纷。最后，因老板不认账，小李没有得到他希望的报酬。

（4）关于试用期的问题要特别注意。法律规定试用期最长不得超过六个月，仅约定试用期的合同是无效的，试用期结束就要求劳动者离职是违法的；在试用期间，用人单位不得无理由解除劳动关系，除非劳动者不符合在试用期中单位要求，才能将其解聘。

（5）劳动报酬的支付方式与支付时间要明确，是现金还是通过银行转账支付给员工。有的单位采取扣发员工一个月工资的方式来拴住劳动者，这种行为不具有法律效力。如果劳动合同终止后，用人单位拒绝提供被扣发的劳动报酬，劳动者可以通过劳动仲裁来解决。

（6）劳动者的工作时间与工作条件要明确，有的劳动者为多挣钱，默认了企业要求严重超时的加班加点，这是违反劳动法的，现在越来越多的工资争议案就是因此而起的。此外，工作的环境有毒有害，尤其是化学性的制革、制鞋企业，以及机械加工行业可能给工人带来的机械性伤害的工作环境，都要在合同中对环境危害可能造成的伤害明确表达出来。

（7）社会保险约定。有的企业以"不办社保可以多领工资"的说法，来误导劳动者主动选择放弃社保。律师提醒劳动者：对于社保问题要有长远的考虑，工作时间越长，这个问题就越大，它涉及劳动者养老的问题。此外，一旦发生工伤意外等，最快速的解决方式是先通过劳动者购买的社会保险，快速选择走工伤保险补助的绿色通道。因而，有了社保就等于有了保障。

（8）不要签空白合同。空白合同是指企业为应付检查，拿出空白合同，先让劳动者签名、按手印，走一个过场，劳动者也不拿合同当回事，有的合同甚至没有盖章。一旦发生劳动争议，这类合同是无效的，同时，劳动者的维权成本高昂。

（9）有些合同约定了不合法的内容，如女职工不得在工作期间结婚生育、因工负伤的"工伤自理"，要求劳动者签订生死契约等，这些条款在法律上无效，劳动者可以拒签。

（10）劳动合同盖章后，劳动者本人和用人单位要各保管一份。劳动合同是发生劳动争议时，劳资双方可出具的最直接、最有效的法律凭证。在办理的工伤案件中，因劳动者手头没有劳动合同，在要求用人单位赔偿遭到拒绝的案例不在少数。有的企业在合同签订后，把两份合同都收走，发生争议时，劳动者手里没有合同，企业可以不承认有此人。

7.2　企业的试用期对退役军人是怎么规定的

企业可以对员工的试用期进行规定，但不能违反《中华人民共和国劳动合同法》有关试用期的规定，即企业关于试用期的规定应遵守《中华人民共和国劳动合同法》（以下简称《劳动合同法》），企业试用期对退役军人的规定也应遵守《劳动合同法》的相关规定。

《劳动合同法》第十九关于试用期的规定：劳动合同期限三个月以上不满一年

的，试用期不得超过一个月；劳动合同期限一年以上不满三年的，试用期不得超过二个月；三年以上固定期限和无固定期限的劳动合同，试用期不得超过六个月。同一用人单位与同一劳动者只能约定一次试用期。以完成一定工作任务为期限的劳动合同或者劳动合同期限不满三个月的，不得约定试用期。试用期包含在劳动合同期限内。劳动合同仅约定试用期的，试用期不成立，该期限为劳动合同期限。

案例1

退役军人王某与某公司签订了劳动合同，合同期为两年，从2018年1月1日至2019年12月31日。合同规定试用期为六个月，请问该公司的规定是否正确？

答： 错误。《劳动合同法》第十九条规定，劳动合同期限一年以上不满三年的，试用期不得超过二个月。

案例2

退役军人张某与某公司签订了劳动合同，合同期为五年，从2015年1月1日至2019年12月31日。合同规定试用期为六个月，请问该公司的规定是否正确？

答： 正确，《劳动合同法》第十九条规定，三年以上固定期限和无固定期限的劳动合同，试用期不得超过六个月。

1. 试用期的内容

试用期是指用人单位对新招收的职工进行思想品德、劳动态度、实际工作能力、身体情况等进行进一步考察的时间期限。劳动合同可以约定试用期，但最长不得超过六个月。在劳动合同中约定试用期，一方面可以维护用人单位的利益，为每个工作岗位找到合适的劳动者，试用期就是供用人单位考察劳动者是否适合其工作岗位的一项制度，给企业考察劳动者是否与录用要求相一致的时间，避免用人单位遭受不必要的损失。另一方面，可以维护新招收职工的利益，使被录用的职工有时间考察、了解用人单位的工作内容、劳动条件、劳动报酬等是否符合劳动合同的规定。在劳动合同中规定试用期，既是订立劳动合同双方当事人的权利与义务，同时也为劳动合同其他条款的履行提供了保障。

在用工过程中，目前滥用试用期侵犯劳动者权益的现象比较普遍，包括什么样的劳动岗位需要约定试用期，约定多长的试用期，以什么作为参照设定试用期等。很多用人单位通常不管是什么性质、多长期限的工作岗位，也不管有没有必要约定试用期，而一律约定试用期，只要期限不超过《劳动合同法》规定的六个月即可，用足法律规定的上限。有的用人单位与劳动者签一年期限的劳动合同，其中半年为试用期。有的生产经营季节性强的用人单位甚至将试用期与劳动合同期限合二为一，一般试用期到了，劳动合同也到期了。有的劳动者在同一用人单位往往被不止一次约定试用期，换一个岗位约定一次试用期。试用期问题是劳动合同立法中劳动者遭遇最多的问题之一。

《劳动合同法》针对滥用试用期、试用期过长等问题做出了有针对性的规定。

限定能够约定试用期的固定期限劳动合同的最短期限，并且在《劳动合同法》规定试用期最长不得超过六个月的基础上，根据劳动合同期限的长短，将试用期细化。具体规定是：劳动合同期限在三个月以上的，可以约定试用期。也就是说，固定期限劳动合同能够约定试用期的最低起点是三个月。劳动合同期限一年以上，不满三年的，试用期不得超过二个月；三年以上固定期限和无固定期限的劳动合同试用期不得超过六个月。这是针对用人单位不分情况，一律将试用期约定为六个月的具体措施。

需要说明的是，劳动合同期限长短不是约定试用期的唯一参照。实践中，很多工作本来不需要试用期过长，劳动者就能胜任，如装卸工、建筑工地工人等没有太高技术含量的工作。但有些用人单位动辄规定试用期为三五个月，甚至半年，恶意用足法定试用期限上限，这加重了劳动关系的不平等性，增加了劳动者的职业不确定性和经济负担。这就提醒劳动合同双方当事人特别是劳动者一方在约定

试用期时将技术含量的因素考虑进去。对用人单位来说，在合理时间内依然不能判断劳动者是否能胜任，就应当承担因此而带来的风险。

 案例 3

用人单位单方延长试用期

2015 年 6 月，退役军人李某进入某公司工作，入职时双方签订了五年期的劳动合同，约定试用期为三个月。2015 年 9 月，该公司人事部门领导认为李某的工作能力平平，既不是太突出也不是很差，单方决定对其试用期延长三个月。2015 年 11 月，该公司以李某试用期内不符合录用条件解除和李某之间的劳动合同。李某认为，试用期已满，该公司以试用期内不符合录用条件解除劳动合同是违法行为，故申请仲裁要求确认该公司的解除行为违法，并要求继续履行劳动合同。该公司认为，试用期虽延长三个月，但未超过法律规定的试用期最长期限六个月，解除劳动合同符合法律规定。

【案件解析】试用期不是劳动合同的必备条款，是劳动者和用人单位之间约定的条款，一经双方达成合意即具有约束力。本案中该公司在和李某签订劳动合同时约定三个月试用期，经过李某的确认，但该公司单方延长试用期，未与李某协商就将原试用期条款进行变更，因此擅自改变试用期条款对李某不产生约束力，单方延长的试用期不能成立，应视为试用期满双方正常履行劳动合同。故裁决该公司以试用期内不符合录用条件解除劳动合同，属于违法解除，双方继续履行劳动合同。

 案例 4

退役军人刘某于 2018 年 10 月进入某公司，并与该公司签订了为期一年的劳动合同。合同约定，刘某在公司的试用期为三个月。如试用期结束刘某通过公司考评转为正式员工后，公司为刘某缴纳社会保险费。刘某在公司工作两个多月后，公司通知刘某解除劳动合同。刘某询问辞退原因，公司表示在试用期内辞退员工不需要理由。刘某到劳动仲裁委员会申请仲裁，要求公司为其补缴社会保险费，并给予相应赔偿。

【案件解析】试用期是用人单位和劳动者在建立劳动关系后，为相互了解、选择而约定一定期限的考察期。为避免有些企业滥用试用期，《劳动合同法》将试用期按劳动合同期限长短分别做了规定，劳动合同期限三个月以上不满一年的，试用期不得超过一个月；劳动合同期限一年以上不满三年的，试用期不得超过二个月；三年以上固定期限和无固定期限的劳动合同，试用期不得超过六个月。可见，该公司与刘某约定的试用期与《劳动合同法》的规定不一致。

在试用期问题上，需要强调以下内容。

（1）试用期是一个约定的条款，如果双方没有事先约定，用人单位就不能以试用期为由解除劳动合同。劳动合同双方当事人必须就试用期条款充分协商，取得一致，试用期条款才能成立。合同是双方当事人意思表示一致的结果，是在互利互惠基础上充分表达各自意见，并就合同条款取得一致后达成的协议。因此，任何一方都不得凌驾于另一方之上，不得把自己的意志强加给另一方，更不得以强迫命令、胁迫等手段签订劳动合同试用期条款。

 案例 5

退役军人陈某与某公司签订了劳动合同，合同期为两年，从 2018 年 1 月 1 日至 2019 年 12 月 31 日。合同规定试用期为两个月，该企业在试用期内告知陈某解除劳动合同，请问是否正确？

答：不正确。

依据《劳动合同法》第二十一条规定，在试用期中，除劳动者有本法第三十九条和第四十条第一项、第二项规定的情形外，用人单位不得解除劳动合同。用人单位在试用期解除劳动合同的，应当向劳动者说明理由。

第三十九条规定，劳动者有下列情形之一的，用人单位可以解除劳动合同：

（一）在试用期间被证明不符合录用条件的；

（二）严重违反用人单位的规章制度的；

（三）严重失职，营私舞弊，给用人单位造成重大损害的；

（四）劳动者同时与其他用人单位建立劳动关系，对完成本单位的工作任务造成严重影响，或者经用人单位提出，拒不改正的；

（五）因本法第二十六条第一款第一项规定的情形致使劳动合同无效的；

（六）被依法追究刑事责任的。

第四十条规定，有下列情形之一的，用人单位提前三十日以书面形式通知劳动者本人或者额外支付劳动者一个月工资后，可以解除劳动合同：

（一）劳动者患病或者非因工负伤，在规定的医疗期满后不能从事原工作，也不能从事由用人单位另行安排的工作的；

（二）劳动者不能胜任工作，经过培训或者调整工作岗位，仍不能胜任工作的；

（三）劳动合同订立时所依据的客观情况发生重大变化，致使劳动合同无法履行，经用人单位与劳动者协商，未能就变更劳动合同内容达成协议的。

（2）《劳动合同法》限定了试用期的约定条件，劳动者在试用期间应当享有全部的劳动权利。这些权利包括取得劳动报酬的权利、休息休假的权利、获得劳动安全卫生保护的权利、接受职业技能培训的权利、享受社会保险和福利的权利、提请劳动争议处理的权利以及法律规定的其他劳动权利。还包括依照法律规定，通过职工大会、职工代表大会或者其他形式，参与民主管理或者就保护劳动者合法权益与用人单位进行平等协商的权利。不能因为试用期的身份而加以限制，与其他劳动者区别对等。

案例6

　　退役军人王某与某公司签订了劳动合同，合同期为两年，从2018年1月1日至2019年12月31日。合同规定试用期期间没有法定节假日，请问该地方企业规定是否正确？

　　答： 不正确。依据《劳动合同法》规定，劳动者有法定休息、休假的权利。

　　（3）试用期包括在劳动合同期限内。也就是说，不管劳动合同双方当事人订立的是一年期限的劳动合同，还是三年、五年期限的劳动合同，如果约定了试用期，劳动合同期限的前一段期限是试用期，试用期包括在整个劳动合同期限里。不管试用期之后订立劳动合同还是不订立劳动合同，都不允许单独约定试用期。

　　（4）《劳动合同法》关于试用期的规定体现了劳动合同双方当事人权利义务的平等。如关于劳动合同的解除中规定，劳动者在试用期内可以通知用人单位解除劳动合同；劳动者在试用期期间被证明不符合录用条件的，用人单位也可以解除劳动合同。

　　（5）有的用人单位为了规避法律问题，约定试岗、适应期、实习期，这些都是变相的试用期，其目的无非是将劳动者的待遇下调，方便解除劳动合同。为了保护劳动者的合法权益，应当明确这些情形按照试用期规定执行。

　　2. 试用期的常见问题

　　（1）试用合同和正式劳动合同可以分开签吗？

　　试用期不签劳动合同的做法，违反了《劳动合同法》的相关规定。试用期是用人单位和劳动者协商确定的劳动合同内容之一，《劳动合同法》明确规定，试用期是包含在劳动合同期限内的。如果劳动合同仅仅约定了试用期，那么试用期不成立，这个试用期限就被认定为劳动合同期限。也就是说，不管劳动合同双方当事人订立的是几年期限的劳动合同，如果约定了试用期，试用期是包括在整个劳动合同期限里的。不管试用期之后是否订立劳动合同，都不允许单独约定试用期。

案例 7

　　退役军人李某与某公司签订了劳动合同，合同期为两年，从 2018 年 1 月 1 日至 2019 年 12 月 31 日。合同规定试用期期间不含在两年合同内，另行签订合同试用期一份，请问该公司规定另行签订试用期合同是否正确？

　　答：不正确。劳动合同仅约定试用期的，试用期不成立，该期限为劳动合同期限。

（2）试用期可以不发工资吗？

　　劳动者在试用期期间也提供了劳动。《劳动合同法》第二十条规定，劳动者在试用期的工资不得低于本单位相同岗位最低档工资或者劳动合同约定工资的百分之八十，并不得低于用人单位所在地的最低工资标准。因此，用人单位在试用期内不发工资的做法，是违反相关规定的。

 案例 8

　　退役军人李某与某公司签订了劳动合同，合同期为两年，从 2018 年 1 月 1 日至 2019 年 12 月 31 日。合同规定试用期期间不发工资，请问该公司的规定是否正确？

　　答：错误。《劳动合同法》第二十条规定，劳动者在试用期的工资不得低于本单位相同岗位最低档工资或者劳动合同约定工资的百分之八十，并不得低于用人单位所在地的最低工资标准。

 案例 9

　　退役军人李某与某公司签订了劳动合同，合同期为两年，从 2018 年 1 月 1 日至 2019 年 12 月 31 日。合同规定试用期期间发百分之五十的工资，请问该公司的规定是否正确？

答： 错误。《劳动合同法》第二十条规定，劳动者在试用期的工资不得低于本单位相同岗位最低档工资或者劳动合同约定工资的百分之八十，并不得低于用人单位所在地的最低工资标准。

（3）试用期的长短可以随意约定吗？

关于试用期的长短和次数，《劳动合同法》第十九条规定，劳动合同期限三个月以上不满一年的，试用期不得超过一个月；劳动合同期限一年以上不满三年的，试用期不得超过二个月；三年以上固定期限和无固定期限的劳动合同，试用期不得超过六个月。

（4）可以约定多次试用期吗？

同一用人单位与同一劳动者只能约定一次试用期。以完成一定工作任务为期限的劳动合同或者劳动合同期限不满三个月的，不得约定试用期。如果违法约定的试用期已经履行，根据《劳动合同法》规定，用人单位还应该以劳动者试用期满月工资为标准，按已经履行的超过法定试用期的时间向劳动者支付赔偿金。

 案例 10

退役军人李某与某公司签订了劳动合同，合同期为两年，从 2018 年 1 月 1 日至 2019 年 12 月 31 日。合同规定试用期每年为两个月，请问该公司的规定是否正确？

答： 错误。同一用人单位与同一劳动者只能约定一次试用期。

（5）在试用期内，劳动者享有和正式工作时一样的权益。

根据有关规定，劳动者除获得劳动报酬外，还应享受与其他员工相同的保险、福利待遇。用人单位与劳动者建立劳动关系以后，应按月为劳动者缴纳养老、失业等社会保险费用。用人单位如有违反法律法规及合同约定的行为并对劳动者造成损害的，劳动者有权依法获得赔偿。在劳动合同试用期内如发生劳动争议，可依据有关规定，到市、区、县劳动仲裁部门通过协商、调解、仲裁程序解决。

7.3 退役军人试用期被辞退了该怎么办

不少企业认为试用期内，企业可以随意辞退员工。实际上，这种认识是不对的，是对试用期的误解。试用期是用人单位对劳动者在工作期间做的一个考核，看劳动者是否符合公司工作的要求，同时也是劳动者对公司是否满足自己需求的一个考核。一般劳动者试用期为三个月，在试用期内不符合公司要求的，公司可以辞退员工，但必须符合法定的要求，不可随意辞退员工，若随意辞退是需要支付补偿的。若双方出现争议，需进行劳动争议仲裁，如图7-1所示。

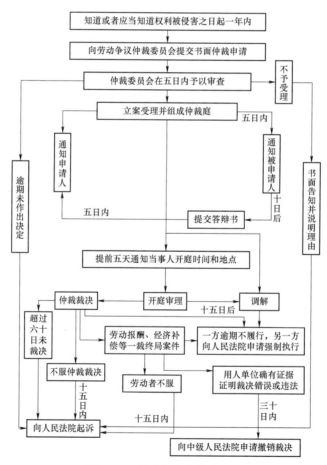

图7-1 劳动争议仲裁流程图

1. 用人单位可以解除劳动合同的情形

《劳动合同法》第三十九条规定，劳动者有下列情形之一的，用人单位可以解除劳动合同：

（一）在试用期间被证明不符合录用条件的；

（二）严重违反用人单位的规章制度的；

（三）严重失职，营私舞弊，给用人单位造成重大损害的；

（四）劳动者同时与其他用人单位建立劳动关系，对完成本单位的工作任务造成严重影响，或者经用人单位提出，拒不改正的；

（五）因本法第二十六条第一款第一项规定的情形致使劳动合同无效的；

（六）被依法追究刑事责任的。

因此，用人单位在试用期内辞退员工，需要证明员工不符合录用条件，这就需要用人单位在招录用员工时首先应向员工明确录用条件是什么，然后还要明示考核依据和考核办法，实施具体的考核行为，而不是任由用人单位解释员工试用期是否符合录用条件。要满足这一要求，用人单位必须规范自身的用人行为，健全自身的规章制度，否则，将面临很大的用人风险。

2. 辞退试用期员工应该给其经济补偿吗？

《劳动合同法》第四十七条规定，经济补偿按劳动者在本单位工作的年限，每满一年支付一个月工资的标准向劳动者支付。六个月以上不满一年的，按一年算；不满六个月的，向劳动者支付半个月工资的经济补偿。《劳动合同法》第八十七条规定，用人单位违反本法规定解除或者终止劳动合同的，应当依照本法第四十七条规定的经济补偿标准的二倍向劳动者支付赔偿金。

 案例 11

退役军人刘某在某公司工作了一个半月，公司提出要与刘某解约。因此，刘某若主张与该公司解除劳动关系，最多只能获得 1 个月工资的赔偿。后来在律师的指导下，刘某选择要求恢复劳动关系并要求公司支付违法解除劳动关系期间的工资，这样的话，一旦恢复劳动关系的请求成立，公司也要承担刘某仲裁和诉讼期间的工资。刘某月工资5 000元，官司打多久，该公司工资就得付多久，这对公司来讲是个不小的压力，不但要面对员工重新回到单位上班的事实，而且还要向员工支付仲裁或诉讼期间的工资，因此，公司最终选择和解，既是无奈也是明智之举。

下面谈一谈试用期被辞退通常的处理办法。

（1）找直属主管认真谈一次。

啥叫认真谈呢？不是去要个说法，如果你去要个说法，对方肯定有很多的理由来搪塞你，这些未必是真的，而且对你也没什么用。这次谈话实际上有两个目的：一是得到一个相对客观的建议；二是争取多一些机会，把主管变成自己的资源人。所以，建议在谈话的时候，不再论以前是与非，而是真诚地请主管对自己这几个月的工作给一些下一步的建议。这个时候，你跟对方不是利益的对立面，毕竟对方是辞退你的人，从人情上说是有些亏欠的，一般会真诚地回应你。他的建议当然未必全对，但作为第三方的视角（而且是直属领导的视角），一定是有意义的。建议你提出自己的诉求来，如希望公司考虑是否有别的岗位缺人可以推荐？主管本人是否有岗位推荐？是否可以在接下来自己求职的时候可以做背景调查的联系人等。这些可都是对你下一步求职很有帮助的。

（2）积极做好交接工作。

做好这一点确实不容易，但不管怎么说也要给自己一个交代，不要想着同事是不是看不上自己、会不会看自己笑话之类的。越是觉得自卑别人越是会这样想，反而你调整好自己的心情，踏踏实实做交接，会让同事对你刮目相看，也没准会成为你的资源人。

 案例 12

退役军人刘某，他的第一份工作就差点在试用期被辞退。当经理跟他谈了辞退之后，他自己伤心了一会儿，就开始准备交接工作的事情，一项一项地整理出来，在仔细地进行交接这个过程中，好多同事主动给他推荐工作，另外一个部门的总监知道刘某的情况以后，主动把他调整到自己的部门。

3. 离职要办理的相关手续

入职、离职不是人来了、走了就行了，还有社保、档案甚至组织关系的调动。如果在第一个月被辞退，可能这些都还没有来得及办理；但如果已经工作几个月了，一般正规公司社保肯定已经上了。这就必须要跟公司人事部门问清楚，包括：自己的社保是否已经缴纳（没有缴纳的需要公司给补齐，如果不补需要通过合法途径进行维权）；缴纳到哪个月了，什么时候办理停止（如果在停止之后依然没有找到工作，那就需要考虑如何续上）；档案存档地是哪里，如何办理档案转移（如果档案不在公司不需要这一步）。

7.4 退役军人试用期享有的企业福利有哪些

法定福利是依照国家的法律法规给予的。用人单位应依法给予员工带薪年休假、最低工资标准、养老保险、基本医疗保险、工伤保险等法定福利。此外，组织旅游属于非法定福利，其依据来自公司的规章制度，或者与劳动者签署的劳动合同，公司的自由度比较大。

单位员工福利分为两类：一类是法定福利，如社会保障、带薪年休假；另一类是非法定福利，如奖励旅游、节日补贴。法定福利是依照国家的法律法规给予的。如果国家的法律法规中规定试用期内不给的，则单位可以不给，也可以给，主动权在单位手中；如果国家的法律法规中没有提到试用期内是否给，则默认试用期与正式员工一样，单位必须给予。退役军人试用期同样适用国家法定福利制度。

单位必须给予的是：法定福利，如社保、带薪年休假、最低工资标准、同工同酬等。社会保险是重要的法定福利。有些单位和员工说，试用期内不缴社保，试用期过后，一次性补缴。这种做法听上去似乎有道理，虽然试用期内不缴，但是试用期转正后会补缴，似乎待遇没损失。但是一旦试用期内单位认为员工不符合录用条件解除了劳动合同，此时矛盾就产生了。其实，社会保险作为法定福利，试用期内必须缴纳。试用期没做完就离职的员工，在试用期内的社会保险仍然应当缴纳。

即使没有转正，单位也要在试用期内替员工缴纳社会保险。对于单位来说，试用期内缴纳社会保险可以免除自己的风险。如果单位为了省事，没有依法缴纳社会保险的话，员工一旦发生工伤或疾病治疗，所有由工伤保险和医疗保险承担的费用，由公司赔偿。所以转正后再补缴社保的方式是不合法的。即使没有转正，试用期的社会保险也是要缴的。

对于非法定福利来说，单位的自由度很大。非法定福利的依据来自单位的规章制度，或者与劳动者签署的劳动合同。这些书面文件中假设作出了规定，没有排除试用期员工，那单位应当将这些福利一视同仁地给予试用期内的退役军人。

 **案例 13**

> 退役军人刘某与某公司签订了劳动合同，合同期为五年，从 2018 年 1 月 1 日至 2022 年 12 月 31 日。合同规定试用期为五个月，该公司规定在试用期内不缴养老保险，请问是否正确？
>
> **答：** 不正确。社保法第十二条规定用人单位应当按照国家规定的本单位职工工资总额的比例缴纳基本养老保险费，记入基本养老保险统筹基金。

退役军人在试用期的工资不得低于本单位同岗位最低档工资或者劳动合同约定工资的百分之八十，并重申试用期工资不得低于用人单位所在地的最低工资标准。

退役军人在试用期内需缴纳社会保险。《劳动合同法》第十九条第四款规定：试用期包含在劳动合同期限内。而在劳动合同期限内，用人单位为劳动者办理缴纳社会保险等五险一金是法定义务。

7.5 关于退役军人就业后的公积金和 社保是怎么规定的

住房公积金是指国家机关和事业单位、国有企业、城镇集体企业、外商投资企业、城镇私营企业及其他城镇企业和各事业单位、民办非企业单位、社会团体及其在职职工,对等缴存的长期住房储蓄。

根据我国相关法律中的规定,使用住房公积金不仅仅限于购房,在租房、装修房屋、修建房屋等情况下,只要满足了规定的条件,都可以申请提取住房公积金来使用。另外,在购房的时候,如果购房者的资金不足而需要按揭贷款,在向银行申请贷款的时候,也可以用自己的住房公积金来申请贷款,此时的房贷利率就要相对低一些。不过这个时候的贷款条件也更为严格。

 案例 14

退役军人刘某与某公司签订了劳动合同,合同期为五年,从 2018 年 1 月 1 日至 2022 年 12 月 31 日。合同规定试用期为五个月,该公司规定在试用期内不为刘某缴存住房公积金,请问是否正确?

答: 错误。依据《住房公积金管理条例》第十五条规定,单位录用职工的,应当自录用之日起 30 日内到住房公积金管理中心办理缴存登记,并持住房公积金管理中心的审核文件,到受委托银行办理职工住房公积金账户的设立或者转移手续。

单位与职工终止劳动关系的,单位应当自劳动关系终止之日起 30 日内到住房公积金管理中心办理变更登记,并持住房公积金管理中心的审核文件,到受委托银行办理职工住房公积金账户转移或者封存手续。

第三条规定,职工个人缴存的住房公积金和职工所在单位为职工缴存的住房公积金,属于职工个人所有。

第十三条规定，住房公积金管理中心应当在受委托银行设立住房公积金专户。单位应当到住房公积金管理中心办理住房公积金缴存登记，经住房公积金管理中心审核后，到受委托银行为本单位职工办理住房公积金账户设立手续。每个职工只能有一个住房公积金账户。

住房公积金管理中心应当建立职工住房公积金明细账，记载职工个人住房公积金的缴存、提取等情况。

第十九条规定，职工个人缴存的住房公积金，由所在单位每月从其工资中代扣代缴。单位应当于每月发放职工工资之日起5日内将单位缴存的和为职工代缴的住房公积金汇缴到住房公积金专户内，由受委托银行记入职工住房公积金账户。

第二十条规定，单位应当按时、足额缴存住房公积金，不得逾期缴存或少缴。对缴存住房公积金确有困难的单位，经本单位职工代表大会或者工会讨论通过，并经住房公积金管理中心审核，报住房公积金管理委员会批准后，可以降低缴存比例或者缓缴；待单位经济效益好转后，再提高缴存比例或者补缴缓缴。

 案例 15

退役军人王某与某公司签订了劳动合同，合同期为三年，从2019年1月1日至2021年12月31日。合同规定试用期为三个月，该公司规定在试用期内不为王某缴存住房公积金，请问该公司应受什么处罚？

【解析】依据《住房公积金管理条例》第三十七条规定，违反本条例的规定，单位不办理住房公积金缴存登记或者不为本单位职工办理住房公积金账户设立手续的，由住房公积金管理中心责令限期办理；逾期不办理的，处1万元以上5万元以下的罚款。

第三十八条规定，违反本条例的规定，单位逾期不缴或者少缴住房公积金的，由住房公积金管理中心责令限期缴存；逾期仍不缴存的，可以申请人民法院强制执行。

 **案例 16**

退役军人王某与某公司签订了劳动合同，合同期为五年，从 2018 年 1 月 1 日至 2022 年 12 月 31 日。合同规定试用期为五个月，该公司规定在试用期内不为王某缴存社会保险，请问是否正确？

答： 错误。

【解析】 依据《中华人民共和国社会保险法》第二条规定，国家建立基本养老保险、基本医疗保险、工伤保险、失业保险、生育保险等社会保险制度，保障公民在年老、疾病、工伤、失业、生育等情况下依法从国家和社会获得物质帮助的权利。

第四条规定，中华人民共和国境内的用人单位和个人依法缴纳社会保险费，有权查询缴费记录、个人权益记录，要求社会保险经办机构提供社会保险咨询等相关服务。

个人依法享受社会保险待遇，有权监督本单位为其缴费情况。

第十二条规定，用人单位应当按照国家规定的本单位职工工资总额的比例缴纳基本养老保险费，记入基本养老保险统筹基金。

职工应当按照国家规定的本人工资的比例缴纳基本养老保险费，记入个人账户。

第二十三条规定，职工应当参加职工基本医疗保险，由用人单位和职工按照国家规定共同缴纳基本医疗保险费。

 案例 17

退役军人刘某与某公司签订了劳动合同，合同期为三年，从 2019 年 1 月 1 日至 2021 年 12 月 31 日。合同规定试用期为六个月，该公司规定在试用期内不为刘某缴存工伤保险，请问是否正确？

答： 不正确。

【解析】依据《中华人民共和国社会保险法》第三十三条规定，职工应当参加工伤保险，由用人单位缴纳工伤保险费，职工不缴纳工伤保险费。

第四十一条规定，职工所在用人单位未依法缴纳工伤保险费，发生工伤事故的，由用人单位支付工伤保险待遇。用人单位不支付的，从工伤保险基金中先行支付。

从工伤保险基金中先行支付的工伤保险待遇应当由用人单位偿还。用人单位不偿还的，社会保险经办机构可以依照本法第六十三条的规定追偿。

第三十五条规定，用人单位应当按照本单位职工工资总额，根据社会保险经办机构确定的费率缴纳工伤保险费。

第四十四条规定，职工应当参加失业保险，由用人单位和职工按照国家规定共同缴纳失业保险费。

第五十三条规定，职工应当参加生育保险，由用人单位按照国家规定缴纳生育保险费，职工不缴纳生育保险费。

第五十四条规定，用人单位已经缴纳生育保险费的，其职工享受生育保险待遇；职工未就业配偶按照国家规定享受生育医疗费用待遇。所需资金从生育保险基金中支付。

生育保险待遇包括生育医疗费用和生育津贴。

第五十八条规定，用人单位应当自用工之日起三十日内为其职工向社会保险经办机构申请办理社会保险登记。未办理社会保险登记的，由社会保险经办机构核定其应当缴纳的社会保险。

第六十条规定，用人单位应当自行申报、按时足额缴纳社会保险费，非因不可抗力等法定事由不得缓缴、减免。职工应当缴纳的社会保险费由用人单位代扣代缴，用人单位应当按月将缴纳社会保险费的明细情况告知本人。

案例 18

　　退役军人邱某与某公司签订了劳动合同,合同期为三年,从 2019 年 1 月 1 日至 2021 年 12 月 31 日,该公司一直没有为邱某缴纳社会保险费,请问该公司将会受到什么处罚?

　　【解析】依据《中华人民共和国社会保险法》第六十三条规定,用人单位未按时足额缴纳社会保险费的,由社会保险费征收机构责令其限期缴纳或者补足。

　　用人单位逾期仍未缴纳或者补足社会保险费的,社会保险费征收机构可以向银行和其他金融机构查询其存款账户;并可以申请县级以上有关行政部门作出划拨社会保险费的决定,书面通知其开户银行或者其他金融机构划拨社会保险费。用人单位账户余额少于应当缴纳的社会保险费的,社会保险费征收机构可以要求该用人单位提供担保,签订延期缴费协议。

　　用人单位未足额缴纳社会保险费且未提供担保的,社会保险费征收机构可以申请人民法院扣押、查封、拍卖其价值相当于应当缴纳社会保险费的财产,以拍卖所得抵缴社会保险费。

　　企业招聘录用处于停薪留职、提前退休、下岗待岗、企业经营性停产放长假等情形下的员工,应当为该员工缴纳社会保险费用,否则依据《劳动合同法》相关规定承担相应的法律责任。

 案例 19

　　2015 年 8 月 1 日,退役军人陈某进入某公司工作,双方签订了书面劳动合同,期限至 2018 年 7 月 30 日。2018 年 2 月 5 日,陈某以家中有事为由提出辞职,双方正式解除劳动关系。但在劳动关系存续期间,公司未给陈某缴纳社会养老保险金。劳动监察部门于 2018 年 4 月 23 日向该公司发出限期改正指令书，要求该公司为陈某补缴社会养老保险金，后公司仍未予缴纳。陈某向法院提起诉讼。法院认定，用人单位和劳动者向经办机构缴纳社会保险金属法律的强制性规定，被告作为用人单位依法为原告缴纳工作期间的社会养老保险金是法定义务。最后法院判决该公司给予补缴。

依据《劳动合同法》第十七条规定，劳动合同应当具备社会保险条款，以及《社会保险费征缴暂行条例》第十二条规定，缴费单位和缴费个人应当以货币形式全额缴纳社会保险费。社会保险费不得减免。

 案例20

不缴纳社保损害自身利益。退役军人张某在一家私营企业打工，企业与其约定每个月将本应该由单位缴纳的社会保险费直接付给他本人。张某想这样每月能多拿一些钱，就同意了。不久，张某因生病花费了不少医疗费用，于是便拿着发票要求单位报销，但企业答复他：由于他没参加医疗保险，因此医疗费要个人全额负担。

【解析】 社会保险包括养老保险、医疗保险、失业保险、生育保险和工伤保险。如果单位拒为劳动者缴纳社会保险，劳动者可向当地人力资源和社会保障部门举报或投诉。

【维权方法】

（1）举报或投诉用人单位的违法行为。《中华人民共和国社会保险法》第八十六条规定，用人单位未按时足额缴纳社会保险费的，由社会保险费征收机构责令限期缴纳或者补足，并自欠缴之日起，按日加收万分之五的滞纳金；逾期仍不缴纳的，由有关行政部门处欠缴数额一倍以上三倍以下的罚款。《社会保险费征缴暂行条例》第二十一条规定，任何组织和个人对有关社会保险费征缴的违法行为，有权举报。劳动保障行政部门或者税务机关对举报应当及时调查，按照规定处理，并为举报人保密。因此，出现类似情况建议劳动者到当地社保稽核部门进行举报、投诉，由行政机构督促用人单位补缴社会保险费，以维护自身的合法权益。

（2）解除劳动合同用人单位应支付经济补偿金。《劳动合同法》第三十八条规定，用人单位有未依法为劳动者缴纳社会保险的，劳动者可以解除劳动合同；第四十六条规定，劳动者依照本法第三十八条规定解除劳动合同的，用人单位应当向劳动者支付经济补偿。同时，劳动者可以主张要求获得最长二十四个月的失业保险金。

（3）劳动者可自行缴纳社会保险费用后再向用人单位追偿。为职工缴纳社会保险费用是用人单位的法定义务。用人单位一切不缴纳或不足额缴纳社会保险费的行为均是法律所禁止的违法行为，因此而给劳动者造成损失的，用人单位应当承担相应的责任。依据《中华人民共和国民法通则》对民事责任的一般规定，公民、法人违反合同或者不履行其他义务的，应当承担民事责任。劳动者自行缴纳社会保险费用后，其与用人单位之间就此费用形成债权、债务关系，劳动者可以直接向法院提起民事诉讼。

以下五种情况不违反劳动合同法，用人单位可以不缴纳社会保险费用。

① 企业（用人单位业）与退休人员签订劳动合同。《劳动合同法》第四十四条规定，劳动者开始依法享受基本养老保险待遇的，劳动合同终止。因此，企业不用为享受基本养老保险的返聘员工缴纳社保。

② 非独立劳动的兼职人员。非独立劳务的兼职人员是指在不脱离本职工作的情况下，利用业余时间从事第二职业，为第三方提供体力或脑力劳动。兼职人员本身有自己的工作，其已经签订劳动合同和缴纳社会保险，和兼职公司无关，因此不需要缴纳社保。

③ 聘用劳务派遣人员，并由接收企业支付薪资。劳务派遣单位派遣劳动者，应当与接收劳务派遣的用人单位签订劳务派遣协议。若劳务派遣协议中约定，劳务派遣人员的考勤和工资发放比按照自有员工处理，社保和公积金缴纳由劳务派遣公司缴纳，则其应支付劳务派遣员工相应费用，不论在个人

所得税还是企业所得税中均认定为工资薪金项目。派遣人员已由劳务派遣公司缴纳社保的，企业可以不用为这部分人员缴纳。

④ 聘用实习生，签订实习协议。实习期和试用期不一样，试用期是已经签订了劳动合同，处于试用期间，必须参加社保，受到《劳动合同法》保护。但实习期间，单位并不为实习员工缴纳社保。《劳动合同法》规定很很清楚，在校生实习生与实习单位未建立劳动关系。不属于公司职工，既然没有劳动关系，单位就不为其缴纳社保。无论实习单位是学校安排的，还是学生自己联系的，实习的目的不是获取报酬，而是获得专业知识和实践经验。现在很多在校生外出实习，本质上其仍然是在校学生。

⑤ 个体户外包企业业务。将生产线上的员工，以组为单位成立个体工商户，员工工资便成了个体工商户的利润。企业不为这部分人缴纳社保。此外，个体工商户有一定限额的免税政策，可以降低成本。

 案例 21

原告陈某（退役军人），男，1979 年 8 月 15 日出生。

委托代理人张某，某律师事务所律师。

某被告甲公司，地址：××省××市××县××镇五星村。

负责人王某，厂长。

委托代理人李某。

原告陈某（退役军人）与被告甲公司劳动争议一案，法院受理后，依法组成合议庭，公开开庭进行了审理。陈某（退役军人）的委托代理人张某，甲公司的委托代理人李某到庭参加了诉讼。本案现已审理终结。

陈某（退役军人）诉称：2012 年 4 月 25 日，我入职甲公司，从事销售工作，月基本工资 3 000 元。甲公司未足额支付我工资，并未与我签订劳动合同，也未缴纳社会保险费。2013 年 4 月 18 日，我被迫解除与甲公司的劳动关系。

现诉至法院，诉求：① 确认 2012 年 4 月 25 日至 2013 年 4 月 16 日期间我与甲公司存在劳动关系；② 甲公司支付解除劳动关系经济补偿金 3 000 元；③ 甲公司支付未签订劳动合同双倍工资差额 33 000 元；④ 甲公司支付未休年休假工资 1 379.31 元及经济补偿金 344.83 元；⑤ 甲公司支付 2012 年 9 月 1 日至 2013 年 4 月 16 日期间拖欠工资 22 500 元及经济补偿金 5 653 元；⑥ 甲公司支付差旅费 1 838 元。

甲公司辩称：陈某（退役军人）与我公司不存在劳动关系，我公司没有陈某（退役军人）这个人，请求驳回陈某（退役军人）的诉讼请求。我公司与苏某、刘某签订了加工合同，约定我公司为苏某、刘某加工玉米，苏某、刘某自行销售。我公司将公章借给苏某、刘某使用。苏某、刘某雇用谁，与我公司无关。我公司与苏某、刘某结算过三次账款，苏某、刘某一共向我单位支付加工费 3 104 元。

经法院审理查明：陈某（退役军人）称其于 2012 年 4 月 25 日至 2013 年 4 月 16 日期间在甲公司工作，甲公司安排其在北京销售玉米，陈某（退役军人）就其所述提交了一份盖有甲公司公章的授权书，内容为甲公司委派杨某为甲公司华北区负责人，代表公司进行各区域人员、市场管理工作。另杨某到庭称其 2012 年 5 月 1 日入职甲公司，陈某（退役军人）系其受甲公司授权招聘的员工。

另查，2012 年 6 月 27 日，甲公司与北京东华盛祥商贸有限责任公司（以下简称东华公司）签订经销协议书一份，约定东华公司为甲公司产品的经销商，甲公司的代表人为苏某。2012 年 7 月 14 日，甲公司与天津市昶达商贸有限公司（以下简称昶达公司）签订经销协议书一份，约定昶达公司为甲公司产品的经销商，甲公司的代表人为左某。2012 年 8 月 13 日，昶达公司向甲公司支付货款 80 000 元。2012 年 8 月 9 日，甲公司与北京百粮汇食品有限公司（以下简称百粮汇公司）签订经销协议书一份，约定百粮汇公司为甲公司产品的经销商，甲公司的代表人为许某。后百粮汇公司向甲公司支付货款 16 000 元。2012 年 9 月 21 日，甲公司与青岛统润食品有限公司（以下简称统润公司）

签订经销协议书一份，约定统润公司为甲公司产品的经销商，甲公司的代表人为任某。2012 年 11 月 2 日，统润公司向甲公司支付货款 23 445 元。甲公司称上述四份合同均是其将公章出借给苏某、刘某使用的结果，其曾为苏某、刘某接收过转账，但其与上述客户均无合同关系。

甲公司称其与苏某、刘某系委托加工关系，其为苏某、刘某代加工玉米，苏某、刘某雇用的人其不清楚。苏某到庭作证称其与甲公司系委托加工关系，其招用杨某销售玉米，其向杨某支付返点和工资，杨某为其工作至 2012 年 10 月底。陈某（退役军人）称 2012 年 10 月后其不再有业务，但其仍做一些市场维护、售后等工作。庭审中，甲公司就其与苏某、刘某之间有资金往来的情况未举证。

2012 年 8 月 14 日，苏某向杨某转账 40 434 元；2012 年 9 月 19 日，苏某向杨某转账 46 871 元。陈某（退役军人）称用人单位将所有员工的工资打入杨某账户内，杨某再将工资发放给其他员工。陈某（退役军人）提交 2012 年 8 月的工资表显示：陈某（退役军人）的底薪为 2 000 元、考勤奖 200 元、话费补助 300 元、车费补助 500 元、差补 1 543.7 元。

陈某（退役军人）未提交其入职前连续工作满 12 个月的证据。

2013 年 4 月 16 日，陈某（退役军人）以甲公司未支付工资、未缴纳社会保险为由向甲公司邮寄了解除劳动关系通知书。

2013 年 4 月 22 日，陈某（退役军人）向北京市朝阳区劳动人事争议仲裁委员会申请仲裁，要求甲公司支付工资等。仲裁委员会以京朝劳仲字（2013）第×××号裁决书裁决：驳回陈某（退役军人）的请求。陈某（退役军人）不服仲裁委员会的裁决，故诉至法院。

以上事实，有京朝劳仲字（2013）第×××号裁决书、授权书、经销协议书、工资表、证人证言、银行卡交易明细及双方当事人陈述在案佐证。

法院认为：发生劳动争议，当事人对自己提出的主张，有责任提供证据。甲公司授权杨某为华北区负责人，代表公司进行各区域人员、市场管理工作，而杨某称陈某（退役军人）系其受甲公司授权招聘的员工，故本院采信陈某

（退役军人）为甲公司工作的主张。甲公司称其与苏某、刘某系委托加工关系，其仅负责玉米的代加工，玉米的销售实际由苏某、刘某负责；苏某出庭作证称甲公司的上述主张属实。但事实上，与客户签订经销协议书的是甲公司，而非苏某、刘某；客户的货款支付给甲公司，而非苏某、刘某；甲公司就其与苏某、刘某之间有资金往来的情况未举证。故甲公司的主张，本院不予采信。陈某（退役军人）的工作内容为销售玉米，而其称 2012 年 10 月后不再有业务，这与证人苏某所述杨某工作至 2012 年 10 月的主张相吻合；现陈某（退役军人）没有证据显示 2012 年 10 月后其亦提供了劳动，故陈某（退役军人）称其工作至 2013 年 4 月的主张，本院不予采信。甲公司未提交陈某（退役军人）的工资支付记录，本院对陈某（退役军人）所述的工资标准及工资支付情况予以采信。甲公司应支付陈某（退役军人）2012 年 9 月、10 月工资 6 000 元（3 000 元/月）。陈某（退役军人）要求甲公司支付 2012 年 10 月后工资的诉讼请求，因缺乏事实依据，本院不予支持。甲公司未提交陈某（退役军人）的入职资料，陈某（退役军人）称其为杨某招用，而杨某的入职时间为 2012 年 5 月 1 日，故本院认定陈某（退役军人）亦为 2012 年 5 月 1 日入职。甲公司未与陈某（退役军人）签订劳动合同，应支付陈某（退役军人）2012 年 6 月 1 日至 2012 年 10 月 31 日未签劳动合同双倍工资差额 10 000 元（2 000 元/月）。陈某（退役军人）的补助及奖金，不应计算在双倍工资的范围之内。陈某（退役军人）要求支付拖欠工资经济补偿金的诉讼请求，因无法律依据，本院不予支持。陈某（退役军人）在甲公司工作未满一年，陈某（退役军人）亦未提交其入职前连续工作满 12 个月的证据，且甲公司并未解除或终止与陈某（退役军人）的劳动关系，故陈某（退役军人）要求甲公司支付未休年休假工资及经济补偿金的诉讼请求，缺乏事实及法律依据，本院不予支持。甲公司未支付陈某（退役军人）工资、未为陈某（退役军人）缴纳社会保险，陈某（退役军人）因此离职，甲公司应支付陈某（退役军人）解除劳动关系经济补偿金。因陈某（退役军人）离职前月平均工资低于职工最低工资标准，故甲公司应按职工最低工资标准向陈某（退役军人）支付解除劳动关系经济补偿金1400元。关于陈某（退役军人）所述差旅费，因未举证，本院不予采信；陈某（退役军人）的该项请求，本院不予支持。综上，依据《中华人民共和国劳动争议调解仲裁法》第六条，《中华人民共和国劳动合同法》第三十条第一款、第四十六条第一项、第八十二条第一款之规定，判决如下。

一、确认被告甲公司与原告陈某（退役军人）于二〇一二年五月一日至二〇一三年四月十六日期间存在劳动关系。

二、被告甲公司于本判决生效后七日内给付原告陈某（退役军人）二〇一二年九月一日至二〇一二年十月三十一日期间工资六千元。

三、被告甲公司于本判决生效后七日内给付原告陈某（退役军人）二〇一二年六月一日至二〇一二年十月三十一日期间未签劳动合同双倍工资差额一万元。

四、被告甲公司于本判决生效后七日内给付原告陈某（退役军人）解除劳动关系经济补偿金一千四百元。

五、驳回原告陈某（退役军人）其他诉讼请求。

如果未按本判决指定的期间履行给付金钱义务，应当依照《中华人民共和国民事诉讼法》第二百五十三条规定，加倍支付迟延履行期间的债务利息。

7.6　退役军人在工作中常见的维权场景

 案例22

劳动报酬不能低于当地最低工资标准

某部队退役军人小徐在济南市城区新闻大厦当保安，每月工资1650元。当他得知当地最低工资标准是1980元后，就向单位提出了增加工资的要求。但单位拒绝了，小徐只好辞职离开了新闻大厦。

一年后，小徐听说此事可以申请仲裁，便向劳动争议仲裁委员会提出仲裁请求。但在第四天，小徐收到了因超过仲裁时效不予受理的通知。

【解析】《中华人民共和国劳动法》规定，提出仲裁要求的一方应当自劳动争议发生之日起六十日内向劳动争议仲裁委员会提出书面申请。2007 年 12 月 29 日通过制定《中华人民共和国劳动争议调解仲裁法》将劳动争议申请仲裁时效调整为一年。劳动者一定要注意仲裁时效，避免有理但因申诉时效过期而失去仲裁机构的支持。

 案例 23

单位不能向求职者收取押金

用人单位招用劳动者，不得扣押劳动者的居民身份证和其他证件，不得要求劳动者提供担保或者以其他名义向劳动者收取财物。已建立劳动关系但未同时订立书面劳动合同的，应当自用工之日起一个月内订立书面劳动合同。

退役军人小陈进入某酒店工作前，被该酒店以服装费的名义收取 600 元押金。两个月后，小陈提出辞职并要求结算工资和退还服装费，但酒店方面表示，只有做满一年才可以退服装费。小陈向当地的劳动部门投诉。

劳动监察机构经过调查处理，认为该酒店确实存在以服装费的名义收取劳动者押金的问题，于是责令该酒店退还小陈押金。

【解析】用人单位不能要求劳动者提供担保或以其他名义收取财物。依据相关规定，向劳动者收取押金、保证金等费用的，责令退还给当事人，并按照其收取金额总数的二倍以上三倍以下处以罚款。

 **案例 24**

应聘须签订劳动合同

退役军人小李在南昌一家企业当门卫，但并没有和企业签订书面劳动合同。2019 年 1 月，小李突然被辞退，且没有结算工资。小李多次找老板理论未果，因此只得向有关部门投诉。劳动监察部门对此事进行了调查，但该企业矢口否认小李是其员工，小李也拿不出劳动合同和其他书面证据证明他与该企业存在劳动关系。最后，以小李败诉结束。

【解析】按照《劳动合同法》的规定，用人单位与劳动者应当自用工之日起一个月内订立书面劳动合同。如果不能证明存在劳动关系，则其各种劳动保障权益将难以得到保护。而且，如果没有劳动合同，劳动者难以证明双方有关工资等事项的口头约定。

 **案例 25**

社保缴费平时要关心

退役军人蒋某 1998 年到甲厂工作，2018 年到了法定退休年龄，发现甲厂未按其实际工资缴纳养老保险，遂起诉甲厂赔偿养老保险待遇损失，被法院裁定驳回起诉。

【解析】根据目前的司法解释规定，劳动者以用人单位未给其办理养老保险手续且不能补办起诉赔偿损失的，人民法院应予受理；但以未足额缴纳社会保险造成损失为由起诉赔偿的，人民法院不予受理，劳动者应当在退休前及时向劳动监察部门投诉，要求用人单位补缴。

案例 26

二倍工资有时效

退役军人闫某 2008 年 5 月到乙公司工作，双方未签订书面劳动合同，2011 年 10 月双方解除劳动关系，范某申请仲裁，要求乙公司支付 2008 年 5 月至 2011 年 10 月未签订劳动合同二倍工资，乙公司则抗辩已过了仲裁时效，法院认为范某的请求已于 2011 年 5 月过了仲裁时效，判决驳回范某的诉讼请求。

【解析】未签订劳动合同二倍工资应当从用工之日起第二个月开始计算，最长不超过十一个月，仲裁时效为二倍工资计算终了之日起一年。用工超过十二个月，视为劳动者与用人单位之间已建立了无固定期限劳动关系，不再计算二倍工资。劳动者若要主张二倍工资，应当及时行使权利。

《中华人民共和国劳动合同法》第八十二条规定，用人单位自用工之日起超过一个月不满一年未与劳动者订立书面劳动合同的，应当向劳动者每月支付二倍的工资。

 案例 27

加班约定要注意

退役军人李某到某厂从事模具加工工作，与该厂签订了劳动合同。但该厂经常要求李某周六加班，后李某向法院起诉该厂支付加班工资，该厂则称合同中约定了每月工资 3 000 元中包含了周六加班工资 200 元，法院认为 3 000 元扣除 200 元后不低于最低工资标准，该合同约定应为有效，遂驳回了李某的诉讼请求。

【解析】劳动者签订劳动合同时，应了解企业日常加班情况，并对加班工资进行充分协商。

 案例 28

工作岗位要明确

退役军人夏某到某公司工作，某公司在全国多个城市开设有分公司，在本市区县设有多个生产部门。夏某最初在该公司办公室工作，一段时间后，便被调到生产部门，夏某很不适应，后又被调往外地。夏某不愿到外地公司报到，遂被该公司以违反公司纪律为由开除。夏某不服起诉至法院，要求该公司支付违法解除劳动关系赔偿金，法院判决驳回了夏某的诉讼请求。

【解析】劳动者与用人单位签订劳动合同时，应当结合自身情况约定具体的工作岗位和工作地点，否则很容易被企业频繁调动而被迫辞职。

7.7　用人单位无法解除劳动合同的情景有哪些

退伍军人在就业过程中知法懂法，才能更好地保护自己的合法权益，在与用人单位签订劳动合同后，用人单位在哪些情况下不得解除劳动合同呢？

案例 29

退役军人徐某是一家保险公司的业务员，跟公司签有为期一年的劳动合同，合同中约定徐某每个季度必须完成一定数额的销售任务，个人收入则主要是销售提成。尽管徐某对保险推销工作满怀热情，不辞辛苦，但第一个季度下来，他所签保险单寥寥无几，远远没有完成公司的销售定额。公司销售主管提醒徐某说，若第二季度仍完不成任务，他就将面临被解聘的可能。为了保住工作，徐某更加努力，甚至发动了所有的亲戚朋友，第二季度的销售业绩比头一季度有所提高，但比公司的定额还是差了不少，于是他担心的事情出现了：公司销售主管口头通知他说，鉴于他连续半年都不能完成公司的任务，公司认为他不能胜任保险销售工作，因此决定解除与他的劳动合同，请他在 3 天内办好离职手续。徐某万般请求，希望公司能再给他一次机会，被拒绝后，徐某又提出自己的劳动合同期限是一年，公司提前解除劳动合同，应该支付经济补偿金。但公司销售主管以解除合同是因为徐某自己不能胜任工作，且事先又提醒过他为由，拒绝了徐某支付经济补偿金的要求，双方遂发生争议。

【解析】根据《中华人民共和国劳动法》第二十五条规定，劳动者有下列情形之一的，用人单位可以解除劳动合同：

（一）在试用期间被证明不符合录用条件的；

（二）严重违反劳动纪律或者用人单位规章制度的；

（三）严重失职，营私舞弊，对用人单位利益造成重大损害的；

（四）被依法追究刑事责任的。

第二十六条规定，有下列情形之一的，用人单位可以解除劳动合同，但是应当提前三十日以书面形式通知劳动者本人：

（一）劳动者患病或者非因工负伤，医疗期满后，不能从事原工作也不能从事由用人单位另行安排的工作的；

（二）劳动者不能胜任工作，经过培训或者调整工作岗位，仍不能胜任工作的；

（三）劳动合同订立时所依据的客观情况发生重大变化，致使原劳动合同无法履行，经当事人协商不能就变更劳动合同达成协议的。

这里的员工"不能胜任工作"，是指不能按要求完成劳动合同中约定的任务或者同工种、同岗位人员的工作量。用人单位不得故意提高定额标准，使劳动者无法完成。《劳动合同法》规定员工不能胜任工作，经过培训或者调整工作岗位，仍不能胜任工作的，用人单位可以解除劳动合同。但在一些特殊情况下，员工即使不能胜任工作，用人单位也不能解除劳动合同。

本案例中，该公司解除徐某的劳动合同存在以下几个问题。

① 没有对徐某进行调岗或培训；

② 解除合同没有提前三十日以书面形式进行通知；

③ 没有依法支付经济补偿金。

用人单位根据《中华人民共和国劳动法》第二十四条、二十六条、二十七条规定，与劳动者解除劳动合同，应当支付经济补偿金。本案例中，用人单位是以徐某不胜任工作为由而解除劳动合同的，应当依法向徐某支付经济补偿金。如果是徐某主动提出辞职，则一般没有经济补偿金。但是，如果劳动者是因为用人单位存在《中华人民共和国劳动法》第三十二条第二、三款的情形而被迫辞职的，用人单位应当向其支付经济补偿金。经济补偿金是根据劳动者在本单位的工作年限来确定的，不胜任工作被解除合同的，最多不超过劳动者的十二个月工资。

 案例30

孙某（女）与单位的劳动合同即将到期时，单位提前一个月发出不予续签通知书。在单位支付了经济补偿金后，双方解除了劳动合同。但是几天后孙某发现自己已经怀有身孕，随即要求与单位继续履行劳动合同。单位称双方劳动合同已经解除，并且也支付了经济补偿金，劳动合同不可能继续履行。

【解析】《劳动合同法》有明确规定，女职工在三期（孕期、产期、哺乳期）以及劳动者在医疗期等，如遇劳动合同到期，则劳动合同自动顺延至上述期限届满。本案中孙某在单位办理离职手续期间已经怀孕，实际上此时劳动合同并没有到期，单位以劳动合同到期而不予续签是缺乏法律依据的，因此劳动合同的解除也是没有法律效力的。双方劳动关系仍然存在，孙某有权回单位上班，并享受相应孕期待遇。

为保护劳动者的合法权益，《劳动合同法》第四十二条规定，用人单位不得解除劳动合同的几种情形。

（一）从事接触职业病危害作业的劳动者未进行离岗前职业健康检查，或者疑似职业病病人在诊断或者医学观察期间的；

（二）在本单位患职业病或者因工负伤并被确认丧失或者部分丧失劳动能力的；

（三）患病或者非因工负伤，在规定的医疗期内的；

（四）女职工在孕期、产期、哺乳期的；

（五）在本单位连续工作满十五年，且距法定退休年龄不足五年的；

（六）法律、行政法规规定的其他情形。

第四十五条规定，劳动合同期满，有本法第四十二条规定情形之一的，劳动合同应当续延至相应的情形消失时终止。但是，本法第四十二条第二项规定丧失或者部分丧失劳动能力劳动者的劳动合同的终止，按照国家有关工伤保险的规定执行。

用人单位如果违法解除劳动合同，劳动者要求继续履行劳动合同的，用人单位应当继续履行；劳动者不要求继续履行劳动合同或者劳动合同已经不能继续履行的，用人单位应当依照本法第四十七条规定支付赔偿金。

7.8 退役军人如何维权

 案例31

退役军人闫某到乙公司工作，工作一年后，无故被辞退，应闫某如何维权？

【解析】

维权途径一：协商。劳动争议发生后，劳动者可与用人单位自行协商，达成新的协议或者有过错的一方改正错误，消除争议。闫某可以与单位协商解决。

维权途径二：调解。发生劳动争议后，劳动者可以向本单位的劳动争议调解委员会提出申请，请求调解。调解申请，应当自知道或应当知道权利被侵害之日起三十日内提出。闫某可以与单位劳动争议调解委员会提出申请，请求调解。

维权途径三：仲裁。仲裁是处理劳动争议的必经程序。劳动者申请劳动争议仲裁，应自劳动争议发生之日起六十日内向劳动争议仲裁委员会提出书面申请。劳动争议仲裁委员会受理的劳动争议范围包括：因企业开除、除名、辞退职工和职工辞职、自动离职发生的争议；因执行国家有关工资、保险、福利、培训、劳动保护规定发生的争议；因履行劳动合同发生的争议；因法律、法规规定的其他劳动争议等。闫某申请劳动争议仲裁解决。

维权途径四：诉讼。劳动争议当事人对仲裁裁决不服的，可在收到仲裁裁决书之日起十五日内向人民法院起诉。但需注意，未经劳动争议仲裁委员会仲裁的劳动争议案件，法院不予受理。闫某对仲裁裁决不服的，可在收到仲裁裁决书之日起十五日内向人民法院起诉。

维权途径五：监察举报投诉。《中华人民共和国劳动法》第八十五条规定，县级以上各级人民政府劳动行政部门依法对用人单位遵守劳动法律、法规的情况进行监督检查，对违反劳动法律、法规的行为有权制止，并责令改正。第八十八条规定，任何组织和个人对于违反劳动法律、法规的行为有权检举和控告。据此，劳动者发现自己的劳动权益受到侵害时，应及时向劳动保障监察部门举报。闫某可向劳动保障监察部门举报。

维权途径六：信访。劳动者在劳动权益受到侵害时，还可以通过信访的方式，向各级工会、妇联以及政府信访部门反映。

 案例 32

闫某被乙公司辞退后，他选择通过诉讼进行维权，在打官司时应注意什么？

（1）确定好被告方。

在辞退案中，另一方当事人往往为企业一方。但是在现实中往往存在一些事实劳动关系、双重劳动关系、用人单位分立合并或者劳务外派关系等复杂的情况，究竟要以哪一个单位作为被告？劳动者往往对此感到茫然，不知道列谁为被告，产生告错人的现象。一般情况下，劳动者应当以存在劳动关系的单位为被告，如果辞退是另外一家公司做出的，则应当列辞退的单位为第三人。

（2）提供案件的关键证据。

很多人以为辞退官司中，劳动者无须承担举证责任，这是不正确的。劳动者仍负有举证责任，最重要的证据就是合同关系证明、辞退证明、工资数额、工作期限。如果劳动者不能举证双方的劳动合同关系或者自己被辞退情况，将会导致败诉；如果不能举证工资数额和工作年限，则无法得到合理的赔偿。

（3）依法确定请求事项和请求金额。

要根据辞退的具体实际情况，确定请求事项，如是否应该申请经济赔偿、代通知金等，要切合实际。在确定合理的赔偿金额时，尽量做到有事实和法律依据，这样才能达到诉求目的。

（4）劳动争议举证责任谁承担？

当事人对自己提出的仲裁请求所依据的事实或者反驳对方仲裁请求所依据的事实，有责任提供证据加以证明。由于在劳动争议仲裁中双方当事人的不对等性，根据公平和诚实信用的原则，确定了当事人的举证责任。

① 因用人单位做出开除、除名、解除劳动合同，以及劳动者提出解除劳动合同，而发生劳动争议的，由用人单位负举证责任。

② 因用人单位支付劳动报酬、拒绝依法缴纳社会保险费、计算劳动者工作年限，而发生劳动争议的，由提出诉讼的劳动者负举证责任。

③ 因用人单位提供劳动条件，而发生劳动争议的，由用人单位负举证责任。

④ 因劳动合同发生劳动争议的，主张劳动合同关系成立并生效的一方当事人对劳动合同订立和生效的事实承担举证责任；主张劳动合同关系变更、解除、终止的一方当事人对引起劳动合同关系变动的事实承担举证责任。对劳动合同是否履行发生争议的，由负有履行义务的当事人承担举证责任。

⑤ 因工伤待遇发生劳动争议的，由提出的仲裁请求的一方承担举证责任。

⑥ 因职工死亡，职工家属主张遗嘱赔偿发生劳动争议的，由职工家属承担举证责任。证明其与职工的关系及符合申诉条件。

⑦ 因追索培训费发生劳动争议的，由提出仲裁请求的一方承担举证责任。

 案例 33

退役军人闫某 2018 被乙公司录用后，单位一直拖欠工资，他该如何维权？

（1）与用人单位协商解决。

（2）到劳动行政部门举报（通常是用人单位所在区的劳动监察大队）。

公司不按时支付员工工资的，员工可以随时解除劳动合同，并立即要求公司支付拖欠员工的工资以及按照拖欠工资的支付百分之二十五的经济补偿金。

（3）直接申请仲裁。

第一，闫某要确认和单位之间的劳动关系的事实。第二，确认劳动关系后，可以要求单位补缴社会保险、补发工资。第三，用人单位要求解除劳动合同时应当提前一个月通知劳动者，否则应当支付一个月的经济补偿金作为代通金。第四，不签订书面劳动合同应支付二倍工资，自用工之日起一个月内应当签订书面劳动合同。第五，单位违法解除劳动合同，可以要求经济赔偿金，为经济补偿金的二倍。建议及时搜集相关的证据，依法向当地的劳动仲裁部门申请劳动仲裁，要求乙公司履行上述的义务。

（4）如果对仲裁结果不满意可以在拿到仲裁书后下十五天之内到法院起诉。

依据《中华人民共和国劳动合同法》第七十四条规定，县级以上地方人民政府劳动行政部门依法对下列实施劳动合同制度的情况进行监督检查：

（一）用人单位制定直接涉及劳动者切身利益的规章制度及其执行的情况；

（二）用人单位与劳动者订立和解除劳动合同的情况；

（三）劳务派遣单位和用工单位遵守劳务派遣有关规定的情况；

（四）用人单位遵守国家关于劳动者工作时间和休息休假规定的情况；

（五）用人单位支付劳动合同约定的劳动报酬和执行最低工资标准的情况；

（六）用人单位参加各项社会保险和缴纳社会保险费的情况；

（七）法律、法规规定的其他劳动监察事项。

第七十七条规定，劳动者合法权益受到侵害的，有权要求有关部门依法处理，或者依法申请仲裁、提起诉讼。

第七十八条规定，工会依法维护劳动者的合法权益，对用人单位履行劳动合同、集体合同的情况进行监督。用人单位违反劳动法律、法规和劳动合同、集体合同的，工会有权提出意见或者要求纠正；劳动者申请仲裁、提起诉讼的，工会依法给予支持和帮助。

第七十九条规定，任何组织或者个人对违反本法的行为都有权举报，县级以上人民政府劳动行政部门应当及时核实、处理，并对举报有功人员给予奖励。

附 录 A

中华人民共和国劳动合同法

（2007 年 6 月 29 日第十届全国人民代表大会常务委员会第二十八次会议通过，根据 2012 年 12 月 28 日第十一届全国人民代表大会常务委员会第三十次会议《关于修改〈中华人民共和国劳动合同法〉的决定》修正）

目 录

第一章 总 则

第一条 为了完善劳动合同制度，明确劳动合同双方当事人的权利和义务，保护劳动者的合法权益，构建和发展和谐稳定的劳动关系，制定本法。

第二条 中华人民共和国境内的企业、个体经济组织、民办非企业单位等组织（以下称用人单位）与劳动者建立劳动关系，订立、履行、变更、解除或者终止劳动合同，适用本法。

国家机关、事业单位、社会团体和与其建立劳动关系的劳动者，订立、履行、变更、解除或者终止劳动合同，依照本法执行。

第三条 订立劳动合同，应当遵循合法、公平、平等自愿、协商一致、诚实信用的原则。

依法订立的劳动合同具有约束力，用人单位与劳动者应当履行劳动合同约定的义务。

第四条 用人单位应当依法建立和完善劳动规章制度，保障劳动者享有劳动权利、履行劳动义务。

用人单位在制定、修改或者决定有关劳动报酬、工作时间、休息休假、劳动安全卫生、保险福利、职工培训、劳动纪律以及劳动定额管理等直接涉及劳动者切身利益的规章制度或者重大事项时，应当经职工代表大会或者全体职工讨论，提出方案和意见，与工会或者职工代表平等协商确定。

在规章制度和重大事项决定实施过程中，工会或者职工认为不适当的，有权向用人单位提出，通过协商予以修改完善。

用人单位应当将直接涉及劳动者切身利益的规章制度和重大事项决定公示，或者告知劳动者。

第五条 县级以上人民政府劳动行政部门会同工会和企业方面代表，建立健全协调劳动关系三方机制，共同研究解决有关劳动关系的重大问题。

第六条 工会应当帮助、指导劳动者与用人单位依法订立和履行劳动合同，并与用人单位建立集体协商机制，维护劳动者的合法权益。

第二章　劳动合同的订立

第七条　用人单位自用工之日起即与劳动者建立劳动关系。用人单位应当建立职工名册备查。

第八条　用人单位招用劳动者时，应当如实告知劳动者工作内容、工作条件、工作地点、职业危害、安全生产状况、劳动报酬，以及劳动者要求了解的其他情况；用人单位有权了解劳动者与劳动合同直接相关的基本情况，劳动者应当如实说明。

第九条　用人单位招用劳动者，不得扣押劳动者的居民身份证和其他证件，不得要求劳动者提供担保或者以其他名义向劳动者收取财物。

第十条　建立劳动关系，应当订立书面劳动合同。

已建立劳动关系，未同时订立书面劳动合同的，应当自用工之日起一个月内订立书面劳动合同。

用人单位与劳动者在用工前订立劳动合同的，劳动关系自用工之日起建立。

第十一条　用人单位未在用工的同时订立书面劳动合同，与劳动者约定的劳动报酬不明确的，新招用的劳动者的劳动报酬按照集体合同规定的标准执行；没有集体合同或者集体合同未规定的，实行同工同酬。

第十二条　劳动合同分为固定期限劳动合同、无固定期限劳动合同和以完成一定工作任务为期限的劳动合同。

第十三条　固定期限劳动合同，是指用人单位与劳动者约定合同终止时间的劳动合同。

用人单位与劳动者协商一致，可以订立固定期限劳动合同。

第十四条　无固定期限劳动合同，是指用人单位与劳动者约定无确定终止时间的劳动合同。

用人单位与劳动者协商一致，可以订立无固定期限劳动合同。有下列情形之一，劳动者提出或者同意续订、订立劳动合同的，除劳动者提出订立固定期限劳动合同外，应当订立无固定期限劳动合同：

（一）劳动者在该用人单位连续工作满十年的；

（二）用人单位初次实行劳动合同制度或者国有企业改制重新订立劳动合同时，劳动者在该用人单位连续工作满十年且距法定退休年龄不足十年的；

（三）连续订立二次固定期限劳动合同，且劳动者没有本法第三十九条和第四十条第一项、第二项规定的情形，续订劳动合同的。

用人单位自用工之日起满一年不与劳动者订立书面劳动合同的，视为用人单位与劳动者已订立无固定期限劳动合同。

第十五条 以完成一定工作任务为期限的劳动合同，是指用人单位与劳动者约定以某项工作的完成为合同期限的劳动合同。

用人单位与劳动者协商一致，可以订立以完成一定工作任务为期限的劳动合同。

第十六条 劳动合同由用人单位与劳动者协商一致，并经用人单位与劳动者在劳动合同文本上签字或者盖章生效。

劳动合同文本由用人单位和劳动者各执一份。

第十七条 劳动合同应当具备以下条款：

（一）用人单位的名称、住所和法定代表人或者主要负责人；

（二）劳动者的姓名、住址和居民身份证或者其他有效身份证件号码；

（三）劳动合同期限；

（四）工作内容和工作地点；

（五）工作时间和休息休假；

（六）劳动报酬；

（七）社会保险；

（八）劳动保护、劳动条件和职业危害防护；

（九）法律、法规规定应当纳入劳动合同的其他事项。

劳动合同除前款规定的必备条款外，用人单位与劳动者可以约定试用期、培训、保守秘密、补充保险和福利待遇等其他事项。

第十八条 劳动合同对劳动报酬和劳动条件等标准约定不明确，引发争议的，用人单位与劳动者可以重新协商；协商不成的，适用集体合同规定；没有集体合同或者集体合同未规定劳动报酬的，实行同工同酬；没有集体合同或者集体合同未规定劳动条件等标准的，适用国家有关规定。

第十九条　劳动合同期限三个月以上不满一年的，试用期不得超过一个月；劳动合同期限一年以上不满三年的，试用期不得超过二个月；三年以上固定期限和无固定期限的劳动合同，试用期不得超过六个月。

同一用人单位与同一劳动者只能约定一次试用期。

以完成一定工作任务为期限的劳动合同或者劳动合同期限不满三个月的，不得约定试用期。

试用期包含在劳动合同期限内。劳动合同仅约定试用期的，试用期不成立，该期限为劳动合同期限。

第二十条　劳动者在试用期的工资不得低于本单位相同岗位最低档工资或者劳动合同约定工资的百分之八十，并不得低于用人单位所在地的最低工资标准。

第二十一条　在试用期中，除劳动者有本法第三十九条和第四十条第一项、第二项规定的情形外，用人单位不得解除劳动合同。用人单位在试用期解除劳动合同的，应当向劳动者说明理由。

第二十二条　用人单位为劳动者提供专项培训费用，对其进行专业技术培训的，可以与该劳动者订立协议，约定服务期。

劳动者违反服务期约定的，应当按照约定向用人单位支付违约金。违约金的数额不得超过用人单位提供的培训费用。用人单位要求劳动者支付的违约金不得超过服务期尚未履行部分所应分摊的培训费用。

用人单位与劳动者约定服务期的，不影响按照正常的工资调整机制提高劳动者在服务期期间的劳动报酬。

第二十三条　用人单位与劳动者可以在劳动合同中约定保守用人单位的商业秘密和与知识产权相关的保密事项。

对负有保密义务的劳动者，用人单位可以在劳动合同或者保密协议中与劳动者约定竞业限制条款，并约定在解除或者终止劳动合同后，在竞业限制期限内按月给予劳动者经济补偿。劳动者违反竞业限制约定的，应当按照约定向用人单位支付违约金。

第二十四条　竞业限制的人员限于用人单位的高级管理人员、高级技术人员和其他负有保密义务的人员。竞业限制的范围、地域、期限由用人单位与劳动者约定，竞业限制的约定不得违反法律、法规的规定。

在解除或者终止劳动合同后，前款规定的人员到与本单位生产或者经营同类产品、从事同类业务的有竞争关系的其他用人单位，或者自己开业生产或者经营同类产品、从事同类业务的竞业限制期限，不得超过二年。

第二十五条 除本法第二十二条和第二十三条规定的情形外，用人单位不得与劳动者约定由劳动者承担违约金。

第二十六条 下列劳动合同无效或者部分无效：

（一）以欺诈、胁迫的手段或者乘人之危，使对方在违背真实意思的情况下订立或者变更劳动合同的；

（二）用人单位免除自己的法定责任、排除劳动者权利的；

（三）违反法律、行政法规强制性规定的。

对劳动合同的无效或者部分无效有争议的，由劳动争议仲裁机构或者人民法院确认。

第二十七条 劳动合同部分无效，不影响其他部分效力的，其他部分仍然有效。

第二十八条 劳动合同被确认无效，劳动者已付出劳动的，用人单位应当向劳动者支付劳动报酬。劳动报酬的数额，参照本单位相同或者相近岗位劳动者的劳动报酬确定。

第三章　劳动合同的履行和变更

第二十九条 用人单位与劳动者应当按照劳动合同的约定，全面履行各自的义务。

第三十条 用人单位应当按照劳动合同约定和国家规定，向劳动者及时足额支付劳动报酬。

用人单位拖欠或者未足额支付劳动报酬的，劳动者可以依法向当地人民法院申请支付令，人民法院应当依法发出支付令。

第三十一条 用人单位应当严格执行劳动定额标准，不得强迫或者变相强迫劳动者加班。用人单位安排加班的，应当按照国家有关规定向劳动者支付加班费。

第三十二条　劳动者拒绝用人单位管理人员违章指挥、强令冒险作业的，不视为违反劳动合同。

劳动者对危害生命安全和身体健康的劳动条件，有权对用人单位提出批评、检举和控告。

第三十三条　用人单位变更名称、法定代表人、主要负责人或者投资人等事项，不影响劳动合同的履行。

第三十四条　用人单位发生合并或者分立等情况，原劳动合同继续有效，劳动合同由承继其权利和义务的用人单位继续履行。

第三十五条　用人单位与劳动者协商一致，可以变更劳动合同约定的内容。变更劳动合同，应当采用书面形式。

变更后的劳动合同文本由用人单位和劳动者各执一份。

第四章　劳动合同的解除和终止

第三十六条　用人单位与劳动者协商一致，可以解除劳动合同。

第三十七条　劳动者提前三十日以书面形式通知用人单位，可以解除劳动合同。劳动者在试用期内提前三日通知用人单位，可以解除劳动合同。

第三十八条　用人单位有下列情形之一的，劳动者可以解除劳动合同：

（一）未按照劳动合同约定提供劳动保护或者劳动条件的；

（二）未及时足额支付劳动报酬的；

（三）未依法为劳动者缴纳社会保险费的；

（四）用人单位的规章制度违反法律、法规的规定，损害劳动者权益的；

（五）因本法第二十六条第一款规定的情形致使劳动合同无效的；

（六）法律、行政法规规定劳动者可以解除劳动合同的其他情形。

用人单位以暴力、威胁或者非法限制人身自由的手段强迫劳动者劳动的，或者用人单位违章指挥、强令冒险作业危及劳动者人身安全的，劳动者可以立即解除劳动合同，不需事先告知用人单位。

第三十九条　劳动者有下列情形之一的，用人单位可以解除劳动合同：

（一）在试用期间被证明不符合录用条件的；

（二）严重违反用人单位的规章制度的；

（三）严重失职，营私舞弊，给用人单位造成重大损害的；

（四）劳动者同时与其他用人单位建立劳动关系，对完成本单位的工作任务造成严重影响，或者经用人单位提出，拒不改正的；

（五）因本法第二十六条第一款第一项规定的情形致使劳动合同无效的；

（六）被依法追究刑事责任的。

第四十条　有下列情形之一的，用人单位提前三十日以书面形式通知劳动者本人或者额外支付劳动者一个月工资后，可以解除劳动合同：

（一）劳动者患病或者非因工负伤，在规定的医疗期满后不能从事原工作，也不能从事由用人单位另行安排的工作的；

（二）劳动者不能胜任工作，经过培训或者调整工作岗位，仍不能胜任工作的；

（三）劳动合同订立时所依据的客观情况发生重大变化，致使劳动合同无法履行，经用人单位与劳动者协商，未能就变更劳动合同内容达成协议的。

第四十一条　有下列情形之一，需要裁减人员二十人以上或者裁减不足二十人但占企业职工总数百分之十以上的，用人单位提前三十日向工会或者全体职工说明情况，听取工会或者职工的意见后，裁减人员方案经向劳动行政部门报告，可以裁减人员：

（一）依照企业破产法规定进行重整的；

（二）生产经营发生严重困难的；

（三）企业转产、重大技术革新或者经营方式调整，经变更劳动合同后，仍需裁减人员的；

（四）其他因劳动合同订立时所依据的客观经济情况发生重大变化，致使劳动合同无法履行的。

裁减人员时，应当优先留用下列人员：

（一）与本单位订立较长期限的固定期限劳动合同的；

（二）与本单位订立无固定期限劳动合同的；

（三）家庭无其他就业人员，有需要扶养的老人或者未成年人的。

用人单位依照本条第一款规定裁减人员，在六个月内重新招用人员的，应当通知被裁减的人员，并在同等条件下优先招用被裁减的人员。

第四十二条　劳动者有下列情形之一的，用人单位不得依照本法第四十条、第四十一条的规定解除劳动合同：

（一）从事接触职业病危害作业的劳动者未进行离岗前职业健康检查，或者疑似职业病病人在诊断或者医学观察期间的；

（二）在本单位患职业病或者因工负伤并被确认丧失或者部分丧失劳动能力的；

（三）患病或者非因工负伤，在规定的医疗期内的；

（四）女职工在孕期、产期、哺乳期的；

（五）在本单位连续工作满十五年，且距法定退休年龄不足五年的；

（六）法律、行政法规规定的其他情形。

第四十三条　用人单位单方解除劳动合同，应当事先将理由通知工会。用人单位违反法律、行政法规规定或者劳动合同约定的，工会有权要求用人单位纠正。用人单位应当研究工会的意见，并将处理结果书面通知工会。

第四十四条　有下列情形之一的，劳动合同终止：

（一）劳动合同期满的；

（二）劳动者开始依法享受基本养老保险待遇的；

（三）劳动者死亡，或者被人民法院宣告死亡或者宣告失踪的；

（四）用人单位被依法宣告破产的；

（五）用人单位被吊销营业执照、责令关闭、撤销或者用人单位决定提前解散的；

（六）法律、行政法规规定的其他情形。

第四十五条　劳动合同期满，有本法第四十二条规定情形之一的，劳动合同应当续延至相应的情形消失时终止。但是，本法第四十二条第二项规定丧失或者部分丧失劳动能力劳动者的劳动合同的终止，按照国家有关工伤保险的规定执行。

第四十六条　有下列情形之一的，用人单位应当向劳动者支付经济补偿：

（一）劳动者依照本法第三十八条规定解除劳动合同的；

（二）用人单位依照本法第三十六条规定向劳动者提出解除劳动合同并与劳动者协商一致解除劳动合同的；

（三）用人单位依照本法第四十条规定解除劳动合同的；

（四）用人单位依照本法第四十一条第一款规定解除劳动合同的；

（五）除用人单位维持或者提高劳动合同约定条件续订劳动合同，劳动者不同意续订的情形外，依照本法第四十四条第一项规定终止固定期限劳动合同的；

（六）依照本法第四十四条第四项、第五项规定终止劳动合同的；

（七）法律、行政法规规定的其他情形。

第四十七条 经济补偿按劳动者在本单位工作的年限，每满一年支付一个月工资的标准向劳动者支付。六个月以上不满一年的，按一年计算；不满六个月的，向劳动者支付半个月工资的经济补偿。

劳动者月工资高于用人单位所在直辖市、设区的市级人民政府公布的本地区上年度职工月平均工资三倍的，向其支付经济补偿的标准按职工月平均工资三倍的数额支付，向其支付经济补偿的年限最高不超过十二年。

本条所称月工资是指劳动者在劳动合同解除或者终止前十二个月的平均工资。

第四十八条 用人单位违反本法规定解除或者终止劳动合同，劳动者要求继续履行劳动合同的，用人单位应当继续履行；劳动者不要求继续履行劳动合同或者劳动合同已经不能继续履行的，用人单位应当依照本法第八十七条规定支付赔偿金。

第四十九条 国家采取措施，建立健全劳动者社会保险关系跨地区转移接续制度。

第五十条 用人单位应当在解除或者终止劳动合同时出具解除或者终止劳动合同的证明，并在十五日内为劳动者办理档案和社会保险关系转移手续。

劳动者应当按照双方约定，办理工作交接。用人单位依照本法有关规定应当向劳动者支付经济补偿的，在办结工作交接时支付。

用人单位对已经解除或者终止的劳动合同的文本，至少保存二年备查。

第五章　特别规定

第一节　集体合同

第五十一条　企业职工一方与用人单位通过平等协商，可以就劳动报酬、工作时间、休息休假、劳动安全卫生、保险福利等事项订立集体合同。集体合同草案应当提交职工代表大会或者全体职工讨论通过。

集体合同由工会代表企业职工一方与用人单位订立；尚未建立工会的用人单位，由上级工会指导劳动者推举的代表与用人单位订立。

第五十二条　企业职工一方与用人单位可以订立劳动安全卫生、女职工权益保护、工资调整机制等专项集体合同。

第五十三条　在县级以下区域内，建筑业、采矿业、餐饮服务业等行业可以由工会与企业方面代表订立行业性集体合同，或者订立区域性集体合同。

第五十四条　集体合同订立后，应当报送劳动行政部门；劳动行政部门自收到集体合同文本之日起十五日内未提出异议的，集体合同即行生效。

依法订立的集体合同对用人单位和劳动者具有约束力。行业性、区域性集体合同对当地本行业、本区域的用人单位和劳动者具有约束力。

第五十五条　集体合同中劳动报酬和劳动条件等标准不得低于当地人民政府规定的最低标准；用人单位与劳动者订立的劳动合同中劳动报酬和劳动条件等标准不得低于集体合同规定的标准。

第五十六条　用人单位违反集体合同，侵犯职工劳动权益的，工会可以依法要求用人单位承担责任；因履行集体合同发生争议，经协商解决不成的，工会可以依法申请仲裁、提起诉讼。

第二节　劳务派遣

第五十七条　经营劳务派遣业务应当具备下列条件：

（一）注册资本不得少于人民币二百万元；

（二）有与开展业务相适应的固定的经营场所和设施；

（三）有符合法律、行政法规规定的劳务派遣管理制度；

（四）法律、行政法规规定的其他条件。

经营劳务派遣业务，应当向劳动行政部门依法申请行政许可；经许可的，依法办理相应的公司登记。未经许可，任何单位和个人不得经营劳务派遣业务。

第五十八条　劳务派遣单位是本法所称用人单位，应当履行用人单位对劳动者的义务。劳务派遣单位与被派遣劳动者订立的劳动合同，除应当载明本法第十七条规定的事项外，还应当载明被派遣劳动者的用工单位以及派遣期限、工作岗位等情况。

劳务派遣单位应当与被派遣劳动者订立二年以上的固定期限劳动合同，按月支付劳动报酬；被派遣劳动者在无工作期间，劳务派遣单位应当按照所在地人民政府规定的最低工资标准，向其按月支付报酬。

第五十九条　劳务派遣单位派遣劳动者应当与接受以劳务派遣形式用工的单位（以下称用工单位）订立劳务派遣协议。劳务派遣协议应当约定派遣岗位和人员数量、派遣期限、劳动报酬和社会保险费的数额与支付方式以及违反协议的责任。

用工单位应当根据工作岗位的实际需要与劳务派遣单位确定派遣期限，不得将连续用工期限分割订立数个短期劳务派遣协议。

第六十条　劳务派遣单位应当将劳务派遣协议的内容告知被派遣劳动者。

劳务派遣单位不得克扣用工单位按照劳务派遣协议支付给被派遣劳动者的劳动报酬。

劳务派遣单位和用工单位不得向被派遣劳动者收取费用。

第六十一条　劳务派遣单位跨地区派遣劳动者的，被派遣劳动者享有的劳动报酬和劳动条件，按照用工单位所在地的标准执行。

第六十二条　用工单位应当履行下列义务：

（一）执行国家劳动标准，提供相应的劳动条件和劳动保护；

（二）告知被派遣劳动者的工作要求和劳动报酬；

（三）支付加班费、绩效奖金，提供与工作岗位相关的福利待遇；

（四）对在岗被派遣劳动者进行工作岗位所必需的培训；

（五）连续用工的，实行正常的工资调整机制。

用工单位不得将被派遣劳动者再派遣到其他用人单位。

第六十三条　被派遣劳动者享有与用工单位的劳动者同工同酬的权利。用工单位应当按照同工同酬原则，对被派遣劳动者与本单位同类岗位的劳动者实行相同的劳动报酬分配办法。用工单位无同类岗位劳动者的，参照用工单位所在地相同或者相近岗位劳动者的劳动报酬确定。

劳务派遣单位与被派遣劳动者订立的劳动合同和与用工单位订立的劳务派遣协议，载明或者约定的向被派遣劳动者支付的劳动报酬应当符合前款规定。

第六十四条　被派遣劳动者有权在劳务派遣单位或者用工单位依法参加或者组织工会，维护自身的合法权益。

第六十五条　被派遣劳动者可以依照本法第三十六条、第三十八条的规定与劳务派遣单位解除劳动合同。

被派遣劳动者有本法第三十九条和第四十条第一项、第二项规定情形的，用工单位可以将劳动者退回劳务派遣单位，劳务派遣单位依照本法有关规定，可以与劳动者解除劳动合同。

第六十六条　劳动合同用工是我国的企业基本用工形式。劳务派遣用工是补充形式，只能在临时性、辅助性或者替代性的工作岗位上实施。

前款规定的临时性工作岗位是指存续时间不超过六个月的岗位；辅助性工作岗位是指为主营业务岗位提供服务的非主营业务岗位；替代性工作岗位是指用工单位的劳动者因脱产学习、休假等原因无法工作的一定期间内，可以由其他劳动者替代工作的岗位。

用工单位应当严格控制劳务派遣用工数量，不得超过其用工总量的一定比例，具体比例由国务院劳动行政部门规定。

第六十七条　用人单位不得设立劳务派遣单位向本单位或者所属单位派遣劳动者。

第三节　非全日制用工

第六十八条　非全日制用工，是指以小时计酬为主，劳动者在同一用人单位一般平均每日工作时间不超过四小时，每周工作时间累计不超过二十四小时的用工形式。

第六十九条　非全日制用工双方当事人可以订立口头协议。

从事非全日制用工的劳动者可以与一个或者一个以上用人单位订立劳动合同；但是，后订立的劳动合同不得影响先订立的劳动合同的履行。

第七十条 非全日制用工双方当事人不得约定试用期。

第七十一条 非全日制用工双方当事人任何一方都可以随时通知对方终止用工。终止用工，用人单位不向劳动者支付经济补偿。

第七十二条 非全日制用工小时计酬标准不得低于用人单位所在地人民政府规定的最低小时工资标准。

非全日制用工劳动报酬结算支付周期最长不得超过十五日。

第六章　监　督　检　查

第七十三条 国务院劳动行政部门负责全国劳动合同制度实施的监督管理。

县级以上地方人民政府劳动行政部门负责本行政区域内劳动合同制度实施的监督管理。

县级以上各级人民政府劳动行政部门在劳动合同制度实施的监督管理工作中，应当听取工会、企业方面代表以及有关行业主管部门的意见。

第七十四条 县级以上地方人民政府劳动行政部门依法对下列实施劳动合同制度的情况进行监督检查：

（一）用人单位制定直接涉及劳动者切身利益的规章制度及其执行的情况；

（二）用人单位与劳动者订立和解除劳动合同的情况；

（三）劳务派遣单位和用工单位遵守劳务派遣有关规定的情况；

（四）用人单位遵守国家关于劳动者工作时间和休息休假规定的情况；

（五）用人单位支付劳动合同约定的劳动报酬和执行最低工资标准的情况；

（六）用人单位参加各项社会保险和缴纳社会保险费的情况；

（七）法律、法规规定的其他劳动监察事项。

第七十五条 县级以上地方人民政府劳动行政部门实施监督检查时，有权查阅与劳动合同、集体合同有关的材料，有权对劳动场所进行实地检查，用人单位和劳动者都应当如实提供有关情况和材料。

劳动行政部门的工作人员进行监督检查，应当出示证件，依法行使职权，文明执法。

第七十六条　县级以上人民政府建设、卫生、安全生产监督管理等有关主管部门在各自职责范围内，对用人单位执行劳动合同制度的情况进行监督管理。

第七十七条　劳动者合法权益受到侵害的，有权要求有关部门依法处理，或者依法申请仲裁、提起诉讼。

第七十八条　工会依法维护劳动者的合法权益，对用人单位履行劳动合同、集体合同的情况进行监督。用人单位违反劳动法律、法规和劳动合同、集体合同的，工会有权提出意见或者要求纠正；劳动者申请仲裁、提起诉讼的，工会依法给予支持和帮助。

第七十九条　任何组织或者个人对违反本法的行为都有权举报，县级以上人民政府劳动行政部门应当及时核实、处理，并对举报有功人员给予奖励。

第七章　法 律 责 任

第八十条　用人单位直接涉及劳动者切身利益的规章制度违反法律、法规规定的，由劳动行政部门责令改正，给予警告；给劳动者造成损害的，应当承担赔偿责任。

第八十一条　用人单位提供的劳动合同文本未载明本法规定的劳动合同必备条款或者用人单位未将劳动合同文本交付劳动者的，由劳动行政部门责令改正；给劳动者造成损害的，应当承担赔偿责任。

第八十二条　用人单位自用工之日起超过一个月不满一年未与劳动者订立书面劳动合同的，应当向劳动者每月支付二倍的工资。

用人单位违反本法规定不与劳动者订立无固定期限劳动合同的，自应当订立无固定期限劳动合同之日起向劳动者每月支付二倍的工资。

第八十三条　用人单位违反本法规定与劳动者约定试用期的，由劳动行政部门责令改正；违法约定的试用期已经履行的，由用人单位以劳动者试用期满月工资为标准，按已经履行的超过法定试用期的期间向劳动者支付赔偿金。

第八十四条　用人单位违反本法规定，扣押劳动者居民身份证等证件的，由劳动行政部门责令限期退还劳动者本人，并依照有关法律规定给予处罚。

用人单位违反本法规定，以担保或者其他名义向劳动者收取财物的，由劳动行政部门责令限期退还劳动者本人，并以每人五百元以上二千元以下的标准处以罚款；给劳动者造成损害的，应当承担赔偿责任。

劳动者依法解除或者终止劳动合同，用人单位扣押劳动者档案或者其他物品的，依照前款规定处罚。

第八十五条 用人单位有下列情形之一的，由劳动行政部门责令限期支付劳动报酬、加班费或者经济补偿；劳动报酬低于当地最低工资标准的，应当支付其差额部分；逾期不支付的，责令用人单位按应付金额百分之五十以上百分之一百以下的标准向劳动者加付赔偿金：

（一）未按照劳动合同的约定或者国家规定及时足额支付劳动者劳动报酬的；

（二）低于当地最低工资标准支付劳动者工资的；

（三）安排加班不支付加班费的；

（四）解除或者终止劳动合同，未依照本法规定向劳动者支付经济补偿的。

第八十六条 劳动合同依照本法第二十六条规定被确认无效，给对方造成损害的，有过错的一方应当承担赔偿责任。

第八十七条 用人单位违反本法规定解除或者终止劳动合同的，应当依照本法第四十七条规定的经济补偿标准的二倍向劳动者支付赔偿金。

第八十八条 用人单位有下列情形之一的，依法给予行政处罚；构成犯罪的，依法追究刑事责任；给劳动者造成损害的，应当承担赔偿责任：

（一）以暴力、威胁或者非法限制人身自由的手段强迫劳动的；

（二）违章指挥或者强令冒险作业危及劳动者人身安全的；

（三）侮辱、体罚、殴打、非法搜查或者拘禁劳动者的；

（四）劳动条件恶劣、环境污染严重，给劳动者身心健康造成严重损害的。

第八十九条 用人单位违反本法规定未向劳动者出具解除或者终止劳动合同的书面证明，由劳动行政部门责令改正；给劳动者造成损害的，应当承担赔偿责任。

第九十条 劳动者违反本法规定解除劳动合同，或者违反劳动合同中约定的保密义务或者竞业限制，给用人单位造成损失的，应当承担赔偿责任。

第九十一条　用人单位招用与其他用人单位尚未解除或者终止劳动合同的劳动者，给其他用人单位造成损失的，应当承担连带赔偿责任。

第九十二条　违反本法规定，未经许可，擅自经营劳务派遣业务的，由劳动行政部门责令停止违法行为，没收违法所得，并处违法所得一倍以上五倍以下的罚款；没有违法所得的，可以处五万元以下的罚款。

劳务派遣单位、用工单位违反本法有关劳务派遣规定的，由劳动行政部门责令限期改正；逾期不改正的，以每人五千元以上一万元以下的标准处以罚款，对劳务派遣单位，吊销其劳务派遣业务经营许可证。用工单位给被派遣劳动者造成损害的，劳务派遣单位与用工单位承担连带赔偿责任。

第九十三条　对不具备合法经营资格的用人单位的违法犯罪行为，依法追究法律责任；劳动者已经付出劳动的，该单位或者其出资人应当依照本法有关规定向劳动者支付劳动报酬、经济补偿、赔偿金；给劳动者造成损害的，应当承担赔偿责任。

第九十四条　个人承包经营违反本法规定招用劳动者，给劳动者造成损害的，发包的组织与个人承包经营者承担连带赔偿责任。

第九十五条　劳动行政部门和其他有关主管部门及其工作人员玩忽职守、不履行法定职责，或者违法行使职权，给劳动者或者用人单位造成损害的，应当承担赔偿责任；对直接负责的主管人员和其他直接责任人员，依法给予行政处分；构成犯罪的，依法追究刑事责任。

第八章　附　　则

第九十六条　事业单位与实行聘用制的工作人员订立、履行、变更、解除或者终止劳动合同，法律、行政法规或者国务院另有规定的，依照其规定；未作规定的，依照本法有关规定执行。

第九十七条　本法施行前已依法订立且在本法施行之日存续的劳动合同，继续履行；本法第十四条第二款第三项规定连续订立固定期限劳动合同的次数，自本法施行后续订固定期限劳动合同时开始计算。

本法施行前已建立劳动关系，尚未订立书面劳动合同的，应当自本法施行之日起一个月内订立。

　　本法施行之日存续的劳动合同在本法施行后解除或者终止，依照本法第四十六条规定应当支付经济补偿的，经济补偿年限自本法施行之日起计算；本法施行前按照当时有关规定，用人单位应当向劳动者支付经济补偿的，按照当时有关规定执行。

　　第九十八条　本法自 2008 年 1 月 1 日起施行。